डायरेक्ट सेलिंग एक कला एक चांस

नेटवर्क मार्केटिंग क्यों और कैसे

आरिफ पटेल

ISBN

Hardcase 979-8-89544-559-4
Paperback 979-8-89544-527-3

अंतर्वस्तु

डायरेक्ट सेलिंग - एक कला एक चांस

परिचय एवं जीवन यात्रा

चलिए अपने बारे में बता दूँ, शिक्षा की बात करें, बी.कॉम., एम.ए. (अर्थ), एलएल.बी और डी.बी.एम. वो दौर एक ऐसा था माता पिता कह दे, आर्थिक लाभ के लिए जो भी करना है यहीं करो, वर्धा (महाराष्ट्र) हमारे पास रहकर, लिहाज़ा ग्रेजुएशन के बाद एक सरकारी नौकरी राज्य परिवहन में मिल गई. इसी बीच नौकरी भी चलती रही और पढ़ाई भी।

20 साल निकल गए और प्रमोशन हुआ असिस्टंट ट्रैफिक इंस्पेक्टर तक. जो लोग नौकरीपेशा है अच्छी तरह जानते होंगे मिली हुई तनख़्वाह कितने दिन पॉकेट में रहती है।

डिपार्टमेंट की केसेस देखते देखते मैंने भी वकालत शुरू की. लेबर लॉ में कुछ क्लाएंट बना लिए. लेकिन हिम्मत नहीं हुई कि, नौकरी छोड़ पुर्णकालिन वकालत की जाए, क्योंकि लेबर केसेस में आवक कम थी।

हमेशा एक सवाल घूमता था नौकरी के साथ साथ कुछ और किया जाए। तब फिर इन्शुरन्स लाइन मिली काम बढ़ाया पोस्टल RD, यूटीआई MF इत्यादि की एजेंसी लेकर वो शुरू कर दिया।

वक़्त की आवाज़ कहें या कुदरत का खेल, हमारे एक मित्र ने बिज़नेस का प्रस्ताव रखा. गॉगल्स और चश्में की फ्रेम का होलसेल बिज़नेस।

रिटायरमेंट को और 17 साल बाकी थे. दिल में ख्वाहिश और विश्वास लेकर, नौकरी से राजीनामा दे दिया और सपरिवार बैंगलोर शिफ्ट हो गया. बिज़नेस भी काफ़ी अच्छा हो रहा था।

वक़्त ने फिर और एक करवट ली, देश में ग्लोबलाइज़ेशन की वजह से चाइना प्रोडक्ट्स ने पूरी तरह अपने पैर जमा लिए और वहां मैं टिक ना पाया. बस रह रह कर एक ही बात सामने आती थी नौकरी से राजीनामा नहीं देना चाहिए था।

सामने एक विशाल चुनौती थी अब क्या करें?

2003 में बैंगलोर में कनक राज जी मिले, डायरेक्ट सेलिंग के लीडर, एक मीटिंग के लिए उन्होंने आने को कहा, सब कुछ ठीक लगा।

MLM, हाँ काम जरूर नया था, कोई अनुभव नहीं था, कन्नड़ भाषा समस्या थी। पूरा प्रेजेंटेशन सुनने के बाद मैंने सिर्फ एक सवाल किया, यदि ये काम ना चला तो नुकसान कितना उठाना होगा और ये सवाल दिमाग में आने की वजह लोन अमाउंट जो मुझ पर था।

जब उन्होंने समझाया नुकसान ज़ीरो, तुम्हारा खुद का काम होगा और जो बोनस मिलेगा वो तुम्हारा. बस फिर क्या था, मैं और मेरी अर्धांगिनी हम दोनों उस काम में सुबह से शाम तक दिलो जान से लग गए।

इस तरह मेरा नेटवर्क मार्केटिंग {डायरेक्ट सेलिंग} क्षेत्र में प्रवेश हुआ और इसमें 20 वर्षों तक सफ़र चलता रहा। डायरेक्ट सेलिंग लाइन में सफलता के लिए एक दूसरे को साथ लेकर चलना बहुत ही जरूरी है और इसी के चलते एक और हमसफ़र मिल गए श्री अनिल तिवारी लखनऊ, अच्छी इनकम, अचीवमेंट एक लम्बा करियर चला।

मेरे डायरेक्ट सेलिंग करियर के दौर की याद अधूरी रहेगी यदि मैं श्री रविंद्र मजीठिया का नाम ना लूं, जिनका हमेशा सहयोग मिलता रहा।

टीम हो या क्रॉस लाइन कई लोग मिले, दोस्ती पारिवारिक सम्बन्ध बने, जो आज भी जारी है।

कुदरत ने ज़िन्दगी में एक और मोड़ दिया और मुंबई शिफ्ट हो गया और काम शुरू हुआ फाइनेंसियल कंसल्टन्ट।

कुछ और करने की चाहत ने फिल्म इंडस्ट्री से मिला दिया।

फिल्म इंडस्ट्री में एक्टर के रूप में कई विशेष किरदार, जिसमें सरफिरा, प्राइड {हिंदी मूवी}. ब्लैक कॉफ़ी, सुपर साइंटिस्ट-२, सीन्स फ्रॉम पेन्डामिक {हिंदी शार्ट फ़िल्म}. पंड्या स्टोर, वागले की दुनिया, माटी से बंधी डोर {हिंदी सीरियल}. KING'S MAN, ऐसे कैसे कर लेते हो-1 {हिंदी वेब सीरीज़}. रान बाज़ार-1 {मराठी वेब सीरीज़} श्याम धून लागी रे {गुजराती सीरियल}. येक नंबर {मराठी मूवी} उल्लेखनीय है. प्रवास अभी भी शुरू है।

प्रस्तावना

डायरेक्ट सेलिंग इंडस्ट्री में लीडर, ट्रेनर, एचीवर की भूमिका में अपने दीर्घकालीन अनुभव के आधार पर मेरा ये प्रयास उनके लिए हैं, जो डायरेक्ट सेलिंग की हक़ीक़त जानना चाहते हैं, एक चांस के रूप में लेकर इसमें आना चाहते हैं और अपने भविष्य के लिए एक अच्छे करियर की तलाश में हैं।

इस इंडस्ट्री में सफलता के लिए क्या करना चाहिए ये बात तो लगभग सभी बताते हैं, महत्वपूर्ण है कि कैसे, कितना, कब, कहां, क्या किया जाए ताकि हम सफल हों, इस पर विशेष भार दिया है।

समय और अनुभव का योग और एक पुस्तक आपके हाथ, अब तक यूट्यूब और ट्रेनिंग के ज़रिये अपनी कुछ बातें कह पाया था. मेरे इस लेखन कार्य को समय का सदुपयोग कहें तो भी अनर्थ ना होगा।

ये कृति उनके लिए जो इस व्यवसाय से जुड़े हैं और इसे एक कला के रूप में स्वीकार कर सफल होना चाहते हैं। ये रचना उन मान्यवरों के लिए जो, बतौर लीडर सफलता के शिखर पर पहुंचना चाहते हैं।

एक बात फ़िर सामने आई, यदि नौकरी पर होता या बिज़नेस में बहुत कुछ हासिल कर लेता, तो आज एक लेखक के तौर पर आपके हाथों और आँखों में ना होता।

डायरेक्ट सेलिंग फ़ील्ड में बहुत कुछ सिखने मिला, कई लोग मिले खट्टे मीठे अनुभव के साथ सफ़र का निचोड़ इस बुक में देने का प्रयास किया है।

जब मैंने यह किताब लिखना शुरू किया, तो मेरे दिमाग में बस एक ही लक्ष्य था - अपने लेखन के ज़रिए दूसरों के जीवन को छूना। इस विचार के साथ, मैंने सफलता नामक तीव्र इच्छा के बारे में जो कुछ भी हासिल किया, महसूस किया, जाना और अनुभव किया, उसे लिखना शुरू किया।

हम सभी की सफलता के बारे में अलग-अलग सोच होती हैं और इसलिए अपने भीतर ध्यान लगाना और अपने जीवन के लिए सबसे अच्छा क्या है, इसकी तलाश करना जरूरी हो जाता है।

इस पुस्तक में मेरे अनुभवों को साझा किया गया है जो आपके और आपकी टीम के लिए मददगार हो सकता है। पुस्तक लिखने के पीछे मेरा इरादा सिर्फ इतना कि, निरंतरता के साथ उंचाईयों को छूने के हमारे सपनें और समग्र विकास के बिंदुओं को किस प्रकार प्राप्त सकते हैं, इसी विषय को आपके समक्ष रखना है।

ये कोई मेरा शोध संशोधन नहीं है आप सभी लोग चिर परिचित हैं, मेरा उद्देश्य सिर्फ इतना कि सभी आवश्यक पॉइंट्स को एक साथ लाना और प्रस्तुत करना। ऐसे पहलुओं को सामने लाना जो महत्वपूर्ण है और जिन्हें आप लागू करना चाहेंगे और जो आपको पसंद भी आए।

जोश और जूनून को बरक़रार रखते हुए सफलता की भूख और प्यास बनाए रखिए. सपनों की पूर्तता एवं लक्ष्य प्राप्ति

को ध्यान में रखकर यह किताब, सफलता की जो चाहत है, हमें हासिल हो यही ध्येय है।

आरिफ पटेल "कुलगुल" www.kulgul.com @actorarifpatel

को ध्यान में रखकर यह किताब, सफलता की जो चाहत है, हमें हासिल हो यही ध्येय है।

आरिफ पटेल "कुलगुल" www.kulgul.com @actorarifpatel

01

क्या है डायरेक्ट सेलिंग
INTRODUCTION OF INDUSTRY

मेरी नज़र में ये फिल्ड एक ऐसा है, जिसमें हम पर ना तो प्रोडक्ट्स निर्माण का भार है ना ही स्टॉक की चिंता। वहीँ दूसरी तरफ जो भी समय हमारे पास है, जितना चाहो, हम इसे विकसित करने में लगा सकते हैं और एक अनलिमिटेड इन्कम की योजना बनाकर उसे हासिल कर सकते हैं।

डायरेक्ट सेलिंग एक ऐसा व्यवसाय प्रकार है, जिसमें प्रोडक्ट्स या सेवाएं पारंपरिक बाज़ार प्रणाली से न होते हुए डिस्ट्रीब्यूटर्स द्वारा उपभोक्ताओं को बेची जाती है, ये काम डिस्ट्रीब्यूटर्स करते हैं जिसका उन्हें बोनस मिलता है।

डायरेक्ट सेलिंग की ख़ासियत ये भी है कि, जिस जगह शारीरिक रूप से हम मौजूद नहीं हैं, फिर भी उस गाँव, शहर, राज्य से इन्कम आ सकती है, यदि अपने लगाए पौधों की अच्छी देखभाल कर उन्हें फल देने के क़ाबिल बनाते हैं।

SOCIAL COMMERCE

MLM

COMMUNITY TRADE

NETWORK MARKETING

DIRECT SELLING

REFERRAL MARKETING

SOCIAL SELLING

PARTY PLAN

DIRECT SALES

यूं कहें No Shop, No Stock Maintenance, No Boss to report फ़िर भी ख़ुद का बिज़नेस। यही सोच यदि हम रखते हैं तो असफलता दूर दूर तक नहीं दिखेगी. जिस दिन ये ख़याल आ गया कि, हमारी मेहनत से कंपनी फलफूल रही है, अप लाइन ऐश कर रहा है, तब फिर पतन को रोकना मुश्किल है, यही सोच टीम डाऊन लाइन (Life Line) में पसरने में कोई समय नहीं लगेगा।

यदि मैं मेरी ज़िंदगी के नज़रिये से देखूं तो नौकरी, जहाँ एक फिक्स मंथली, वकीली जहाँ अच्छी आवक के लिए, नाम कमाने के लिए कम से कम 7-8 साल का संघर्ष, बिज़नेस जिसमें लाखों की लागत, हर कदम पर मार्केट कॉम्पिटिशन और पूरा खेल जोखिम भरा, जबकि डायरेक्ट सेलिंग की विशेषता, इसमें कदम रखने के लिए आवश्यक पात्रता कुछ भी नहीं जैसे उम्र, शैक्षणिक योग्यता, अनुभव, शारीरिक सुंदरता या पूर्णता इत्यादि।

हाँ, आवश्यक है कंपनी, कॉम्पेन्सेशन प्लान, प्रोडक्ट की जानकारी, उस पर विश्वास और ख़ुद में आत्मबल. मैं अक्सर ट्रेनिंग में कहता हूँ - इस इंडस्ट्री में हमें एक गिलास पानी और एक कटोरी में, शक्कर मिलता है. हमें कितना मीठा करना है ये हमारे हाथ में हैं - यानी हमारा बोनस, इनकम का चेक या नेट ट्रांसफर अमाउंट, हम तय कर सकते हैं, ये किसी भी जॉब, प्रोफेशन या किसी बिज़नेस में लगभग नामुमकिन है कि हमारी आवक हमें कितनी चाहिए वो हम तय कर सकें।

डायरेक्ट सेलिंग सिर्फ और सिर्फ वर्ड ऑफ़ माउथ मार्केटिंग है और कच्चा माल (RAW MATERIAL) है लोग, जनसंख्या।

ग्लोबल विश्व भर की छोड़िये हमारे देश में जनसंख्या की अधिक ही प्रभु कृपा है।

डायरेक्ट सेलिंग पर यदि कुछ और कहना चाहूं तो बस हमें खरीददार को कंपनी से मिलाना है - वो भी जहाँ हम प्रोडक्ट्स से भी वाक़िफ़ हैं और कंपनी से भी। ये लिखते वक़्त मेरी नज़र में कुछ सिलिब्रिटीज़ आए, जो आज भी कई प्रोडक्ट्स को प्रमोट कर रहें हैं, ना तो उन्हें इंग्रेडिएंट्स, रिज़ल्ट्स का पता है ना ही कंपनी की पूरी जानकारी।

उनमें और डायरेक्ट सेलिंग से जुड़े बन्दों में फ़र्क सिर्फ इतना, प्रोडक्ट्स सेल हो या ना हो उन सिलिब्रिटीज़ को अपना बोनस मिल जाता है, जबकि डिस्ट्रीब्यूटर को बिज़नेस वॉल्यूम के आधार पर बोनस मिलता है

मैं तो स्पष्ट रूप से कहूंगा कि, यदि आप रातो रात लखपति बनना चाहते हैं, कम समय में सफलता देखना चाहते हैं, बिना प्रशिक्षण जीत हासिल करना चाहते तो ये फिल्ड आपके लिए नहीं है।

आगे हम देखेंगे आज के दौर में ये इंडस्ट्री कितनी पॉवरफुल है।

02

जीवन बदलने वाला क्षेत्र

POWERFUL OPTION OF EARNING

आज के दौर में इनकम जितनी महत्वपूर्ण होती जा रही है आवक के रास्ते उतने ही कठिनाई भरे हो रहे हैं. अगर हम ट्रेडिशनल बिज़नेस का सोच रहे हैं, धन निवेश और बाज़ार की प्रतिस्पर्धा एक चिंता का कारण होता है. बात अगर नौकरी की हो तो उच्च शिक्षण, उम्र की सीमा के साथ साथ सीमित आय से सामना होता है. कुछ ऐसी ही चुनौतियां आती है जब हम किसी व्यवसाय की तरफ देखते हैं तो प्रोफेशनल निपुणता, ऑफिस सेट अप, निरंतर नॉलेज को बढ़ाते रहना आवश्यक हो जाता है।

अगर हम ग़ौर करें इस इंडस्ट्री पर और तुलनात्मक अध्ययन करें तो यहां ना उम्र का बंधन ना इनकम की सीमा। जितना चाहो, जब चाहो, जहाँ तक चाहो अपना ख़ुद का बिज़नेस और वो भी सपोर्ट सिस्टम के साथ।

Various earning options

JOB	COMPETITION, EXPERIENCE, JOB INSECURITY, LIMITED INCOME, TRANSFER
BUSINESS	HUGE INVESTMENT, RISK / UNCERTANITY, LIMITED JURISDICTION, REGULAR EXPENSES, MARKET COMPETITION
PROFESSION	ESTABLISHMENT, UPDATION KNOWLEDGE, EXPERTISATON WORK EXPERIENCE, LIMITED AREA OF CLIENTS
INVESTMENT	HUGE INVESTMENT ON PROPERTY, SHARES, RENT OR BANK INTEREST

इस बिज़नेस में कोई किसी की टांग नहीं खींचता बल्कि एक दूसरे का हाथ खींचकर, सहारा देकर सफलता के शिखर तक पहुंचाते हैं।

ये एक ऐसा बिज़नेस है जिसे हम कह सकते हैं NO INVESTMENT या यूँ भी कह सकते हैं ZERO LOSS BUSINESS. अपने आप में कई खूबियों को समेटे इस बिज़नेस में आज के दौर की टेक्नोलॉजी DIGITAL MARKETING ने इसे और भी सरल और कारगर बना दिया है।

UNIQUE BENEFITS IN DIRECT SELLING

START EARNING AT THE AGE OF 18
TEAM WORK SUPPORT TO EACH OTHER
BE YOUR OWN BOSS
BUILD A STABLE INCOME
KEEP CONTROL ON YOUR GROWTH
ZERO INVESTMENT REQUIRED
COULD BE AS PARALLEL SOURCE OF INCOME
FLEXIBLE WORK TIMINGS
MAKE A DIFFERENCE IN PEOPLE'S LIVES
LEARN FROM INDUSTRY EXPERTS .
SAY GOOD-BYE TO PAPER WORKING THE DIGITAL WORLD
REWARDS & RECOGNITION

हाँ ये इंडस्ट्री भी इन्वेस्टमेंट मांगती है वो है - TIME, ENERGY & SKILL तो क्या ये ट्रेडिशनल बिज़नेस, जॉब, व्यवसाय में नहीं है? कमाई का कोई भी फिल्ड लीजिये, ये तो है ही, लेकिन डायरेक्ट सेलिंग इंडस्ट्री सिर्फ यही है जिसे हम लागत कह सकते हैं।

चलिए अब हम देखेंगे इस लाइन में स्कोप कितना है।

03

इस व्यवसाय का दायरा

SCOPE IN THE BUSINESS

डायरेक्ट सेलिंग की यही एक विशेषता हैं कि, जितनी दूर तक हमारी दृष्टी (VISION) होगी उतना बड़ा क्षेत्र (SCOPE) हमारे लिए खुला है।

कई तरह की समस्या नौकरी के फिल्ड में हैं, प्रोफेशन में एक्सपर्ट होना, बिज़नेस में कॉम्पिटिशन का सामना, शायद इस बात से आप मुझसे भी अच्छी तरह से वाक़िफ़ होंगे। यदि हम आज के दौर को और अच्छी तरह से समझें और भविष्य का आंकलन करें, तो ई-कॉमर्स दिन प्रतिदिन बढ़ रहा है, ट्रेडिशनल मार्केटिंग में प्रोडक्ट बेस की सभी कंपनी ऑनलाइन को अपना चुकी है।

आवश्यकता है तो सिर्फ़ हमारी तयारी की।

इसे हमारा बिज़नेस मानकर यदि हम आगे बढ़ते हैं, अधिक से अधिक लोगों तक पहुँचते हैं साथ ही यदि हम पूरी तैयारी से सोशल मिडिया, यूट्यूब, ऑनलाइन, इ-न्यूज़ पेपर को प्रमोशन का एक असरदार ज़रिया बनाते हैं, जिद्द जोश जूनून के साथ सिस्टम फॉलो करते हैं तो हमारे लिए बिज़नेस की कोई सीमा नहीं होगी जिसे इनफिनिट ग्रोथ कहते हैं।

Network Marketing Turnover Around the WORLD

COUNTRY	POPULATON	TURNOVER ₹
USA	32 cr	2,12,550 cr
CHINA	140 cr	1,11,450 cr
JAPAN	12 cr	1,16,350 cr
KOREA	5 cr	94,250 cr
GERMANY	8 cr	55,250 cr
MEXICO	12 cr	52,650 cr
FRANCE	6 cr	34,450 cr
MALAYSIA	3 cr	30,550 cr
INDIA	**132 cr**	**7,800 cr**

जहाँ हमारी नज़र न जा सके वहां का भी हमें देखना होगा, जिसे OUT OF BOX THINKING कहते हैं, कविताएं लिखने वालों के लिए कहा जाता है - जहाँ न पहुंचे रवि (सूर्य) वहां पहुंचे कवि. एक डिस्ट्रीब्यूटर का दिमाग़ और निगाह जितनी खुली होगी उतनी सफलता वो हासिल कर सकता है।

डायरेक्ट सेलिंग के क्षेत्र में कई जानदार कम्पनीज़ हैं, जो प्रोडक्ट बेस है या हेल्थकेयर वेलनेस के प्रोडक्ट्स लिए हुए है तो कुछ रोज़मर्रा की ज़रूरतों के प्रोडक्ट्स के साथ है और दिन प्रतिदिन इन प्रोडक्ट्स की डिमांड में मंदी आने की कोई गुंजाईश नहीं है, यानि डिस्ट्रीब्यूटर का कस्टमर बेस बढ़ना ही है।

डायरेक्ट सेलिंग में स्कोप और विज़न के विषय में यदि मैं ये कहूं कि मेहनत ही है जो एक डिस्ट्रीब्यूटर के हिस्से में आती हैं जबकि बाकी जवाबदारी तो कंपनी लेती है, जैसे नए प्रोडक्ट्स पर रिसर्च, प्रोडक्ट्स की गुणवत्ता का ध्यान, आकर्षक इन्कम प्लान तैयार करना, समय पर बोनस हमारे बैंक अकाउंट में पहुँचाना। यहाँ तक की पल पल की टीम डिटेल्स, सेल्स रिपोर्ट, बोनस की हर जानकारी हमारी नज़रों के सामने रखी होती है।

हमारे हर हिसाब किताब की जवाबदारी कंपनी ले रही है, जरूरी है सिर्फ समय और मेहनत का योगदान - तो समय और मेहनत किस फिल्ड में नहीं हैं? दुनिया का कोई ऐसा आमदनी का ज़रिया नहीं, जहां समय देना आवश्यक ना हो और मेहनत ना करनी पड़े।

डायरेक्ट सेलिंग फिल्ड एक ऐसा बाज़ार है, जो 24 घंटे हमारे लिए खुला है यानि कोई समय का बंधन नहीं है, कोई फिक्स WORKING HOURS नहीं और इस दौर में तो हर ग्राहक या घर घर पहुंचा जा सकता है क्योंकि कस्टमर और डिस्ट्रीब्यूटर नेट पैक के साथ स्मार्ट फ़ोन लिए मिलते हैं जिसे हम ऑनलाइन आर्डर कहते हैं।

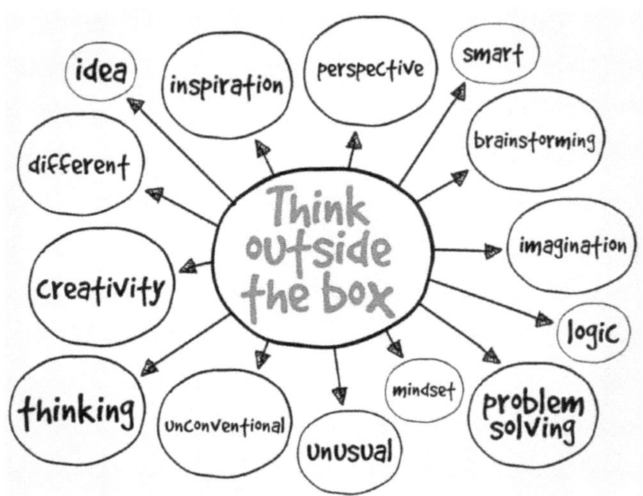

बस सोच की सीमा, नए तरीक़े ढूंढने की मर्यादा बढ़ानी होगी, नया सिखने में कंजूसी और आलस की हद तोड़नी होगी।

आगे देखेंगे क्यों ये एक बेहतरीन करियर है?

04

एक बेहतर विकल्प

THE BEST CAREER

जब भी डायरेक्ट सेलिंग ये शब्द हम तक पहुंचता है, इस पर प्रतिक्रिया आती है - चेन मार्केटिंग, डबल होने वाला या डेली वीकली कुछ मिलता है वो?

ये स्पष्ट बताता है, या तो डिस्ट्रीब्यूटर्स लोगों तक सही अर्थ और परिभाषा के साथ पहुंचे नहीं हैं, या सही मायने समझाने में असफल रहें हैं, ये PURE बिज़नेस है सिंपल P- परचेस प्रोडक्ट, U- यूज़ प्रोडक्ट, R- रेफर, E- अर्न बोनस।

ज़िन्दगी में कभी भी कुछ भी हो सकता है, रुकावट, मोड़, चट्टान, ढलान, लेकिन प्रभु ने मानव जाती को सर्वश्रेष्ठ सृजन का दर्जा दिया है, दिमाग़, सोचने समझने की शक्ति देकर पैदा किया है तो कोई भी कदम उठाने से पहले सोच लें, कुछ हद तक खुद अध्ययन करें, अच्छे विकल्प आज भी मौजूद है।

बस ये देखना काफ़ी है कि, आज ले रहे वो कदम सही दिशा में है या नहीं, आगे तो फिर स्थायी या गारंटी किसी भी क्षेत्र क्या, मानव जीवन की भी नहीं है. कंपनी किनके हाथ में है, उनकी सोच, उनका विज़न कैसा है, उनका इस दिशा

में कंपनी चलाने का अनुभव कितना है, ये जानकारी बहुत महत्त्व रखती है।

**Direct Selling business is the
best career option for all those
who want to start their own business
with less investment.
It is the best business for all those
who want to start a business
and have less time in the starting
and who don't have space or office
to start the business**

कभी कभी लोगों को महज़ आकर्षित करने के लिए कुछ सिलिब्रिटीज़ को या किसी अच्छे बैनर को सामने लाया जाता है. इसीलिए सही कंपनी के चुनाव के लिए प्रोफाइल देखना बहुत ज़रूरी है, कौन कौन और किस हद तक कंपनी से जुड़े है, कमान किसके हाथ में है, क्योंकि सारथी ही रथ को सही दिशा में ले जा सकता है।

यदि देखा जाय तो प्रोडक्ट बेस कम्पनीज़ {मैं यहां फिज़िकल प्रोडक्ट्स की बात कर रहा हूँ} आज भी है जहाँ इसे एक करियर की नज़र से देखा जा सकता है, प्रोडक्ट भी ऐसा हो जो खरीदने की चाहत जगाए, लोगों के काम आए और उन्हें ज़िन्दगी के लिए या स्वास्थ्य के लिए फायदेमंद हो. ऐसे प्रोडक्ट्स जहाँ विक्री के लिए काफ़ी शक्ति लग रही हो या यूं कहिये धकेलना पड़ सकता है, वहां आगे परेशानी हो सकती है।

कंपनी सिलेक्शन में अगर कोई अहम् मुद्दा है, तो वो है कॉम्पेन्सेशन प्लान। जिसे हम INCOME PLAN कहते हैं, यानी हमारे पॉकेट में कितना आएगा। इन्कम प्लान की ताक़त ही तय करेगी हमारी पासबुक में कितनी बार और कितनी रकम की एंट्री होगी या हमें सिर्फ़ एक सेल्समैन का दर्जा मिलेगा। जितना ज़रूरी है प्रोडक्ट्स की गुणवत्ता उतना ही आवश्यक है इन्कम प्लान की खूबी।

अक्सर प्रेज़ेंटेशन के समय कुछ खास लोगों के नाम (टॉप अचिव्हर) सामने रखे जाते हैं, मेरे ख्याल से ये उस कंपनी के लिए हाँ कहने की वजह नहीं होनी चाहिए, क्योंकि हमें ये पता नहीं कितने लोग उस कंपनी से जुड़े हैं और अचिव्हर का प्रतिशत कितना है।

प्लान की स्टडी में यह अवश्य देखें कि इनकम का प्रस्ताव (PROPOSED) और प्रतिशत (PERCENTAGE) कितना है, जो हमें मिलने वाला है।

कंपनी चुनाव के लिए ये भी एक बात बहुत मायने रखती है कि कंपनी का खुद का सपोर्ट सिस्टम कैसा है, क्योंकि भविष्य में उस मुक़ाम पर आ सकते हैं कि, वो ही व्यक्ति अब नहीं हैं जिसने आपको इंट्रोड्यूस किया। कम्पनी का अपना ट्रेनिंग, प्रोडक्ट और प्लान पर टूल्स के कारण ही हमें आगे बढ़ने में सहायता मिल सकती है, यूँ कहें तो सारी विशेषता हो वहां कदम रखना योग्य होगा, हां किसी कंपनी में कम, किसी में ज़्यादा हो सकता है, प्रमाण में फ़र्क हो सकता है।

सफलता के सिक्के का दूसरा पहलू है, डिस्ट्रीब्यूटर खुद, आप स्वयं।

चलिए आगे बात करते हैं सफलता के लिए क्या आवश्यक है।

05

सफलता के लिए आवश्यक
STEPS TO BE SUCCESSFUL

डायरेक्ट सेलिंग में अति आवयशक है बिना नाराज़ हुए "ना" सुनने की आदत. अपने जिगर को इतना मजबूत करना होगा कि, 10 में से 9 लोग भी ना कहें तो भी हिम्मत जवाब नहीं देनी चाहिए और ये तभी मुमकिन है अगर हम पर पागलपन का भूत सवार हो।

सफलता की यदि हम बात करें, तो इसके लिए सबसे महत्वपूर्ण कुछ है तो वो है हम "स्वयं ". देश में और विश्व में ऐसे कई फिल्ड है संगीत, कला, अभिनय, खेल, जहाँ कुछ पल का काम क्यों ना हो तैयारी, रियाज़ में कोई कसर नहीं छोड़ते। यही बात इस इंडस्ट्री में भी लागु होती है।

यदि कोई ये कह दे, ज़्यादा कुछ नहीं करना है तो वहां सतर्क हो जाएं, बिना कुछ किये कुछ हासिल करना लगभग नामुमकिन है, ये हो सकता है यदि कुछ मिल भी रहा हो, तो वो निश्चित रूप से अल्प कालिन होगा।

आज के दौर में जीना, समय के साथ चलना, अपनी खूबियों, कमियों को जानना बहुत आवश्यक है, विज्ञान टेक्नोलॉजी,

डिजिटल के दौर में बिना सीखे और अपनाये बग़ैर सफलता की चाहत महज़ एक ख्वाब होगा।

Some Will
Some Won't
So what

NEXT

इस बात का ज़रूर अध्ययन करें कि जिस भी कंपनी का आपने चयन किया है, उसी में आगे बढ़ने का निर्णय लिया है, तो सफलता हासिल करने के लिए खुद के गुण या खुद में सुधार करना आवश्यक है।

आइये इस बात को समझते हैं, कंपनी कोई भी हो, आगे बढ़ने के लिए कौन कौन से गुण, जानकारी या मुद्दे आवश्यक है - जैसे समय, अंग्रेजी भाषा का थोड़ा ज्ञान, विज्ञान हेल्थ की मालूमात, लोग (कॉन्टैक्ट्स), कम्प्यूटर का ज्ञान, डायरेक्ट सेलिंग का अनुभव इत्यादि ऐसे और भी मुद्दे हो सकते है - एक लिस्ट बनाइये।

अब खुद का परिक्षण कीजिये - आपमें कौनसी खूबी है कौनसी नहीं. जिसे हम विषय क्र 29 में चार्ट के माध्यम से भी देखेंगे।

GOALS LEARNING
SELF-BELIEF POSITIVE THINKING
DETERMINATION CONSISTENCY
WORK ETHIC PURPOSE DREAMS

जितना सुधार आप अपने आप में कर सकते हैं करिये, यदि असंभव लग रहा हो तो, डायरेक्ट सेलिंग फिल्ड की ये सबसे बड़ी खूबसूरती है कि, बिना चिंता किये उन लोगों को ढूंढिए जिनके पास ये गुण हैं, उन्हें अपनी टीम में शामिल करिये। इस बात को गाँठ बांध कर रख लीजिये कि शत प्रतिशत परिपूर्ण (100% PERFECT) इस जगत कोई मानव प्रभु ने नहीं बनाया।

फिर लिखिए आपकी कमज़ोरियाँ - जैसे अहम, रवैया (EGO) का प्रमाण (शायद इसे आप पकड़ नहीं पाएंगे), गुस्सा या कितनी जल्दी किस बात पर आपा खोते हैं, खान-पान का शौख, बातचीत में नम्रता की कमी, रहन-सहन या ड्रेसिंग सेन्स में लापरवाही इत्यादि। इस विभाग को तो खुद ही को, खुद के मालिक समझ कर दुरुस्त करना होगा, लेकिन ये मुद्दे असफलता दिलाने में अहम रोल अदा करते हैं जिनसे बचना होगा।

इसके बाद दो और बातों पर आपको सोचना होगा - आप में शक्ति और ये पल जो आपको मिला है उसकी खूबियां।

इसे भी समझ लेतें है, शक्ति जो आपके पास है - जैसे मेहनती वृत्ति, सहनशीलता, आधुनिक विचारधारा, सबको लेकर चलने की चाहत, आदरभाव देने का स्वाभाव, एक बेहतरीन कंपनी जो आपको मिली है, अपलाइन लीडर जो एक विज़न और लम्बी दौड़ की तयारी के साथ खड़ा है. इन बातों का होना जीवन में एक अच्छा मुक़ाम हांसिल करने के लिए ज़रूरी है।

यक़ीनन कुछ बातें ऐसी भी होंगी, जो स्पीड को काम कर सकती है, या सफर को रोक सकती है जैसे परिवार से सपोर्ट ना मिलना, सरकारी नियम - नीतियों में बदलाव, कुदरती आपदा, शारीरिक परशानियाँ इत्यादि. इन में कुछ बातों को सुधारने के लिए जितना हो सके प्रयास और जितनी हो सके सब्र (PATIENCE) करना होगा।

यदि आप इस क्षेत्र में अभी आए हैं या आना चाह रहे हैं, जिन भी मान्यवर ने आपको ये बेहतरीन मौक़ा दिया, उनका शुक्रिया अदा कर सीख लीजिए जब तक आपको पूरा नहीं समझ जाता, इन्कम प्लान की बारीकियों को अच्छी तरह समझ लीजिये, क्योंकि मीटिंग, सेमिनार या व्यक्तिगत मुलाक़ात में हर एक बात नहीं बताई जाती. प्रोडक्ट्स की पूरी जानकारी लीजिये या जिन प्रोडक्ट्स को प्रमोट करने का आपका दिल कहे उनकी स्टडी करिये।

आपके स्पॉन्सर आप के शहर से हो तो मिलकर समझ लीजिये अन्यथा फ़ोन पर भी मालूमात हासिल कर लीजिये साथ ही कंपनी की ऑफिशियल वेबसाइट पर जो भी विडिओ हो उन्हें डाउन लोड कर मोबाइल में सेव कर लीजिये, बार बार देखिये।

यदि आप पूर्णतः जानते हो, तो ही यूट्यूब, फेसबुक या व्हाट्सएप पर आने वाली टेस्टिमोनी पर विश्वास कीजिये, कई बार फोटोशॉप से तैयार या बनावटी मिल सकती है, सतर्क रहें।

बहुत ज़रूरी है, आपके पास एक फाइल हो जिसमें प्लान से सम्बंधित, प्रोडक्ट्स के कंपनी द्वारा दिए गए अधिकृत लीफलेट, ब्रोशर्स हो, क्योंकि किसी को प्रेजेंटेशन देते समय आप पूरी तयारी से जाएं। जितनी जल्द हो सके कंपनी या अपलाइन जो भी ट्रेनिंग आयोजित करे, उसमें एक नोटबुक और पेन के साथ उपस्थित रहें, ताकि न कुछ महत्वपूर्ण मुद्दे नोट कर सके बल्कि जो सवाल आपको प्रोग्राम के बाद पूछना है, उसे नोट कर सकें।

एक बात विशेष रूप से ध्यान रखें, जितना हो सके परिवार विशेष रूप से पति/पत्नी को आपके समर्थन में या सहकार्य में शामिल करिये, डायरेक्ट सेलिंग ही एक ऐसा व्यवसाय है जिसे आप परिवार के साथ आगे बढ़ा सकते हैं. डायरेक्ट सेलिंग के अलावा और जितने भी फ़ील्ड है, वन मैन शो है, चाहे नौकरी हो, प्रोफेशन हो या व्यापार व्यवसाय, किन्तु यहाँ उसी बिज़नेस में एक ही रजिस्ट्रेशन कोड पर परिवार के सदस्य आपको साथ रहकर या बाहर से मदद कर सकते हैं।

यदि परिवार का कोई भी सदस्य आपके साथ हो तो सबसे फ़ायदा ये होगा उसका अपना भी एक सर्कल होगा उसके अपने भी परिचित होंगे जहाँ आप पहुँच सकते हैं. यदि परिवार पूर्ण रूप से आपके निर्णय से सहमत हैं और शामिल हैं तो किसी समय इनकम कम या आवक की गति धीमी हो तो भी वे आपके साथ खड़े रहेंगे।

कई बार ऐसा समय आता है जब हम मानसिक रूप से अस्वस्थ या निराशा के शिकार हो जाते हैं जिसे हम स्ट्रेस या डिप्रेशन कहते हैं, उस वक़्त परिवार द्वारा दी गई ढाढ़स रामबाण साबित होती है. कुछ अवसर ऐसे भी आते हैं, हम शारीरिक रूप से अस्वस्थ हो, तब कुछ दिन के लिए ही सही हमें उनकी मदद मिल सकती है. आपका बिज़नेस रुकेगा नहीं, इस बिज़नेस में सफलता के लिए परिवार का साथ एक बहुत कारगर साबित होगा।

आइये अब कुछ बातों को समझने का प्रयास करें, जो शुरुआती दौर में अति आवश्यक है।

06

टीम बनाना एवं बढ़ाना

TEAM BUILDING & DEVELOPMENT

अक्सर ये देखा गया है कि कुछ लीडर्स समझाते समय इस व्यवसाय को कुछ ज़रूरत से ज़्यादा ही आसान बना कर पेश करते हैं, बस कुछ लोगों को जोड़ दीजिये, काम हो जायेगा, टीम बढ़ जाएगी वगैरा वगैरा, क्योंकि उन्हें डर रहता है कहीं आप इंकार ना कर दें।

इसी के चलते हम सबसे पहले रिश्तेदारों को पकड़ते हैं, फिर दोस्तों को और बाद में पड़ोसियों को, टीम तो तैयार हो गयी, उनकी जॉइनिंग का कमीशन भी आ गया लेकिन बाद में उनके द्वारा काम हुआ नहीं और आपकी लिस्ट के लोग भी ख़त्म हो गए. डुप्लीकेशन हुआ नहीं, आगे काम बढ़ा नहीं।

एक बात यहाँ जानना ज़रूरी है कि आप इस व्यवसाय से जुड़े हो, आपके सपने, आपके अरमान और उन्हें पूरा यदि करना है तो आपकी टीम का चयन महत्त्व का विषय है। इससे पहले हमने देखा की आपकी शक्ति और कमज़ोरियों को ध्यान में रखकर और जिस कंपनी से आप जुड़े हो,

उसमें काम करने लायक (FIT) लोग ही आपकी टीम में होने चाहिए।

FORMATION

EXECUTION   TEAM   PASSION

PREPARATION

यदि घर में कुछ वेल्डिंग का काम हो तो आप इलेक्ट्रिशियन को तो नहीं बुलाएंगे, यदि किसी ऑफिस में अकाउंटेंट की जगह खाली हो, तो सॉफ्टवेयर इंजीनियर को उस जॉब के लिए नहीं रखेंगे।

किसी भी कंपनी में आपका रजिस्ट्रेशन ये आपका अपना एक यूनिट है, बिज़नेस पोर्टल है, खुद का व्यवसाय है, योग्य लोग ही आपकी टीम में यदि रहते हैं, तो आपके बिज़नेस की तरक्की को कोई रोक नहीं सकता। सतत टीम बढ़ाते रहना बहुत ज़रूरी है।

एक लीडर को ये कभी नहीं समझना चाहिए बस हो गया टीम की ग्रोथ हो चुकी और जहाज ऑटो पायलट मोड पर आ गया. कभी भी कुछ भी हो सकता है. समय के साथ साथ काम करने के तरीके, नई टेक्नोलॉजी, नया जोश मार्केट में आता रहता है जिसे हम न्यू जनरेशन पॉवर कहते हैं जो हमारी सफलता के लिए जरूरी होता है. इस फ़ोर्स को हम

न्यू ब्लड का भी नाम दे सकते हैं जो हमें नई ऊर्जा के साथ अच्छा मुक़ाम दिला सकता है।

अक्सर ऐसा होता है, टीम का टूटना, कुछ लोगों का इस फिल्ड से बाहर निकल जाना, किसी की आपसे अनबन हो जाना, किसी का किसी और कंपनी में चला जाना, किसी को प्रोडक्ट में रिज़ल्ट ना मिलना, किसी ने जॉइन तो कर लिया लेकिन आगे बढ़ने की असमर्थता, किसी ने यही कंपनी लेकिन किसी और लीडर के साथ नई जॉइनिंग ले ली - ऐसे कई कारण हैं, यदि हमारा सतत प्रयास रहे नए नए लोग जुड़ते जाएं तो आनेवाले किसी भी दौर से हम निपट सकते हैं, देखा है कोई किसान या बागवान को एक पौधा लगाकर रुक जाए और उसी एक पौधे से उम्मीद की आस में बैठे रहे।

समय, कुछ परिस्थियाँ, भविष्य कभी भी किसी भी चुनौतियों के लिए जरुरी है टीम बड़ी हो, पूरी तरह से तैयार हो. एक ही लक्ष्य होना चहिये सफ़ल होना है और औरों को भी क़ामयाब बनाना है, जितनी मजबूत टीम उतनी बड़ी इनकम और लम्बी दौड़ की तैयारी।

अब हम देखेंगे बिज़नेस प्रमोशन के लिए क्या टूल्स चाहिए।

07

आवश्यक टूल्स

BUSINESS TOOL

हम किसी भी क्षेत्र में नज़र डालें, चाहे फिर वो शिक्षा का हो, किसी करियर का या बिज़नेस का, बिना फाइल, किताब, औजार, उपकरण के बिना सफलता तो दूर, हम एक क़दम भी आगे नहीं बढ़ सकते।

यूं कहिये पहले अपने आप को शारीरिक, मानसिक और वैचारिक रूप से तैयार करिये। जब हम किसी सैनिक को बुलेट प्रूफ़ जैकेट के बिना नहीं देखते या ऐसा नहीं होता कि सलून में शेविंग क्रीम ना हो, इस इंडस्ट्री में भी ऐसा ही है, जो दिखेगा वो बिकेगा। क्वालिटी होना अति आवश्यक है।

व्यवसाय टूल्स को हम एक ऐसी संपत्ति के रूप में देख सकते हैं जो लक्ष्यों या उद्देश्यों को प्राप्त करने में सहायता करती है. डायरेक्ट सेलिंग में हथियार यानि, एक फाइल जिसमें कंपनी से जुड़ी जानकारी, प्रोडक्ट्स की सारी मालूमात, विशेषताएं, इन्कमप्लान की खूबियां, कुछ अधिकृत टेस्टीमोनी अति आवश्यक है।

जब हम प्लान दिखाते हैं उस समय हमारा प्रोस्पेक्ट ये भी देखता है कि, हमारे पेन और पेपर की क्वालिटी क्या है। ये तो इम्प्रेशन नहीं डालेगा कि हम हजारों लाखों की बात करें यूज़ एंड थ्रो पेन लेकर. वैज्ञानिक दृष्टि से भी यदि देखे, तो आप जो कह रहे हो, वो ज़्यादा समय याद नहीं रहता, लेकिन जो वो देखेगा, वो दिमाग में चित्रित रहेगा।

SUITABLE VEHICLES {TOOLS} FOR TRAVELLING					
DISTANCE	1 Km	5Kms	200 Kms	2000 Kms	Space/moon
VEHICLE	Walk Cycle	2 Wheeler Auto	Train Car Bus Taxi	Bullet Train Flight	Rocket

आपकी फाइल आपका मटेरियल देखकर, आपके प्रोस्पेक्ट्स में एक विश्वास निर्माण होगा, आप एक पेशेवर (PROFESSIONAL) हैं, लम्बी दूरी तय करने के लिए तैयार हैं, यदि आपको "ना" का सामना करना पड़ रहा है, तो उसके लिए कारण यह भी है कि, आपकी तयारी अधूरी है।

"ना" को समझना बहुत जरुरी है, अक्सर हम उनकी ना को पर्सनल ले लेते हैं, रिलेशन तोड़ देते हैं, हो सकता है उनकी ना कंपनी, प्रोडक्ट्स, प्लान को लेकर हो या फिलहाल उन्हें किसी करियर की तलाश ना हो।

आवश्यक टूल्स की जब हम बात करते हैं तो उसे इस तरह भी देख सकते हैं कि, हमें कहीं जाना हो, उसकी दूरी, समय ये देखते हुए हम यात्रा का साधन चुनते हैं. यही बात ध्यान में रखनी होगी सफलता के क्षेत्र में हमें कितनी जल्दी, कितनी दूरी, कितनी ऊंचाई तक जाना है।

आगे के भाग में देखेंगे सफलता के लिए मीटिंग सेमिनार का क्या महत्व है।

08

मीटिंग सेमिनार में उपस्थिति

ATTEND MEETINGS

कभी कभी हमारी सोच ही हमारी सफलता के लिए रुकावट बनती है, हमारी उम्र, पढ़ाई-लिखाई, जीवन स्तर किसी से कुछ सीखने में रुकावट बनती है।

मीटिंग, सेमिनार में भाग लेने से कई लाभ हो सकते हैं, जिसमें अपने क्षेत्र के विशेषज्ञों से नया ज्ञान और कौशल प्राप्त कर सकते हैं। नवीनतम कार्यप्रणाली और रणनीतियों के बारे में भी जान सकते हैं। नए संबंध बनते है. प्रभावशाली लोगों से भी मिल सकते हैं और नए संपर्क बना सकते हैं। माहौल से प्रेरित होकर अपने जुनून को जगाने में मदद होती है. एक नेता के रूप में अपनी प्रतिष्ठा बनाने का एक शानदार अवसर मिल सकता है।

वर्कशॉप और सेमिनार व्यावहारिक अनुभव मिलता है जिसे अपने काम में लागू कर सकते हैं। इस इंडस्ट्री की आवश्यकता यही है प्लानिंग और एक्ज़िक्यूशन, ये परिपक्वता का एक भाग है और ये परिपक्वता अनुभव से आती है और अनुभव हमें इस प्लेटफॉर्म से मिलता है, क्योंकि जब हम लोगों से मिलते हैं उनके काम करने के तरीके, उनकी सोच हमें

सिखाती है और प्रेरित भी करती है जिसे हम ज्ञान और विचारों का आदान प्रदान कहते हैं।

सफलता के लिए क्या करना है ये जानना जितना आवश्यक है, क्या नहीं करना है ये समझना भी बहुत ही जरुरी है, ताकि हमारी मुलाकात असफलता से न हों।

आपको ये तो मान कर चलना होगा, आपकी शैक्षणिक योग्यता चाहे जो हो, इस फील्ड में आप नए हैं, या कंपनी में नए हैं, छात्र की भांति आप में सिखने समझने की लालसा पैदा करना होगा। डायरेक्ट सेलिंग में मीटिंग सेमिनार एक ऐसा प्लेटफॉर्म हैं, जहां आप बहुत कुछ सिख सकते हैं, स्पीकर के अनुभव, उनके काम करने का तरीक़ा, उनका ज्ञान इत्यादि।

एक या दो बार ट्रेनिंग अटेंड करने के बाद अक्सर डिस्ट्रीब्यूटर कहते हैं, बहुत बार अटेंड कर लिया. सब कुछ समझ गया, ये महज़ एक ना जाने का बहाना है, अलग अलग स्पीकर के अपने अलग अलग अनुभव होतें हैं. हर बार यदि एक ही लीडर मंच पर आता हो तो भी ट्रेनिंग, मीटिंग में गैर हाजिर ना

रहिये, क्योंकि डायरेक्ट सेलिंग का लीडर लिखा हुआ भाषण नहीं पढ़ता, जो हर मीटिंग में एक जैसा मटेरियल सुनने मिले, पिछली बार कुछ छूटा हो इस मीटिंग में सुनने मिल जाए।

Alone we can do so little; together we can do so much

मेरा मानना है, किसी का एक शब्द या एक वाक्य हमारे मन-मस्तिष्क पर वार कर देता है और हमारी ज़िंदगी बदल देता है।

इस में यदि आपकी वृत्ति सीखने की जितनी अधिक होगी सफलता का प्रतिशत उतना अधिक होगा। कहते हैं ना, नदी भी साथ उनका ही देती है, जो हाथ पैर हिलाने तैयार रहते हैं।

चलिए देखते हैं क्यों इसे असीमित कार्यक्षेत्र कहते हैं।

09

असीमित कार्यक्षेत्र

SPREAD BUSINESS

ट्रेडिशनल बिज़नेस, जॉब, प्रोफ़ेशन ये सभी एक सिमित क्षेत्र के बिज़नेस है, एक एरिया पुरते मर्यादित लेकिन इस इंडस्ट्री में आप जिल्ला ही नहीं राज्य पार से भी जॉइनिंग या प्रोडक्ट विक्री ला सकते हैं. आज के समय में जहाँ सोश्यल मिडिया है, ई-मिडिया है, अपने कार्यक्षेत्र को शहर, जिल्हा या राज्य तक मर्यादित ना रखिये, जितनी शक्ति हो अपनी पहुँच को बढ़ाइए।

एक बात ध्यान में रखना बहुत जरुरी है कि, कोई भी क्षेत्र या रास्ता नहीं छोड़ना है जो हमें सफलता के शिखर तक ले जा सके. इस इंडस्ट्री की सबसे बड़ी ख़ूबी यही है यहाँ ऐसा कुछ भी बंधन नहीं है कि, यही करना होगा. अपनी सोच के पैराशूट को हम जितना खोल सके उतना हमें लाभ होगा।

इसका एक लाभ यह भी होगा कि, किसी सामाजिक या राजनितिक कारणों के चलते कहीं से कम कहीं से अधिक बिज़नेस मिलने से बिज़नेस के वॉल्यूम में नुकसान नहीं होगा। आज हम ग्लोबलाइज़ेशन और डिजिटल मार्केटिंग के दौर में हैं, क्यों ना इसका भरपूर लाभ लिया जाय. क्यों हम बिज़नेस को मर्यादित क्षेत्र के लिए करें? बिना खर्च या बहुत कम खर्च में हम लाखों लोगों तक पहुँच सकते हैं. टेक्नोलॉजी का भरपूर लाभ लेकर हमारे बिज़नेस को एक नई दिशा देकर उन्नति के उच्च स्तर को प्राप्त कर सकते हैं।

आगे हम देखेंगे हमें आत्मनिर्भर क्यों होना चाहिए।

10

आत्मनिर्भरता

SELF DEPENDANT

मेरी नज़र में आत्मनिर्भरता बहुत ही महत्व की पायदान है क्योंकि सपने आपके, मंज़िल आपकी, परिवार आपका तो फिर बैसाखी या किसी और के कंधो का सहारा क्यों? हो सकता है वो दृष्टी, सपने, जूनून, स्पीड किसी और की ना हो जो आपकी है, यदि वो कोई और मंज़िल तलाश कर ले तब क्या? कब तक उनके पीछे भागते रहेंगे?

आत्मनिर्भरता का अर्थ है अपनी ज़रूरतों को पूरा करने के लिए दूसरों पर निर्भर रहने के बजाय अपने संसाधनों या प्रयासों पर निर्भर रहना। ऐसे कई सवाल है जो आत्मनिर्भरता की कमी से न सुलझने वाली समस्या बन जाते हैं।

जितना हम औरों पर निर्भर रहेंगे उतना हमें हमारी चाहत से समझौता करना पड़ेगा, जो बेसिक काम या सिस्टम है उसे समझ कर खुद कर लेना ही बेहतर है. इस विषय में हम और अधिक गहराई में जाएं तो हमें टीम को भी आत्मनिर्भर बनाना होगा।

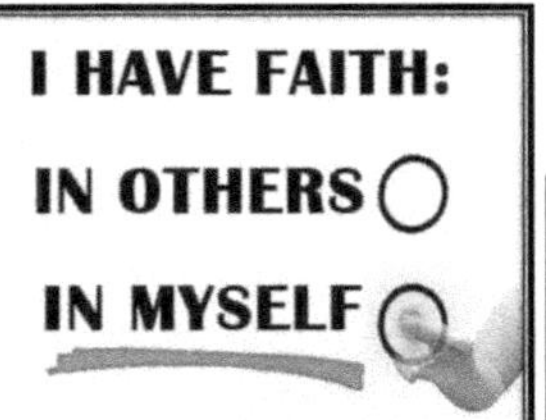

टीम को सपोर्ट करना और टीम का काम खुद करना ये दोनों अलग अलग बातें हैं. यूँ समझ लीजिये आपके मालिक आप खुद हैं और यदि बिज़नेस में आपको कोई सफलता दे सकता है, तो वो है आप खुद. समय समय पर अपने टीम पर, बिज़नेस वॉल्यूम पर, अपने कमीशन पर निगरानी रखिये। किस दिन, किस महीने में, किस कारण से बिज़नेस वॉल्यूम कम हुआ ये देखना ज़रूरी है।

चाहो तो ये कोई मुश्किल काम नहीं, जीतना आप औरों पर निर्भर होंगे, उतनी आपकी रफ़्तार काम होगी। आपके सीनियर, अपलाइन वो भी आप ही की तरह है, कोई सुपर पॉवर नहीं, यदि वे कर सकते हैं तो हम क्यों नहीं। अक्सर देखा गया है कि अपलाइन पर आवश्यकता से ज़्यादा निर्भरता हानिकारक है, आप नया कुछ करने का, कुछ सिखने का, नए मार्ग खोजने का प्रयास बंद कर देंगे और यदि आपके लीडर ने ही कंपनी छोड़ दी तो आप पूरी तरह से बेसहारा हो जायेंगे।

आप एक कदम और आगे आईये, आपका रजिस्ट्रेशन होने के बाद, सारी जानकारी लेने के बाद, ट्रेनिंग पूरी होते ही अपनी सूझबूझ से आगे बढिये। आपकी ऊँची सोच और आत्मबल आपके साथ होना चाहिए।

अब हम देखेंगे हार न माने NEVER QUIT।

11

हार ना माने

NEVER QUIT

चुनौतियों के आगे न झुकना है न रुकना है "कभी हार न मानो" का अर्थ हमें दृढ़ रहना चाहिए और कभी भी असफलता के आगे नहीं झुकना चाहिए, कभी भी उम्मीद नहीं खोनी चाहिए, चाहे परिस्थिति कैसी भी हो।

अपनी मंज़िल, अपने सपनों को बीच में ही छोड़ देने की मुख्य वजह यही होती है कि उस काम के लिए जो भी आवश्यक है उसकी कमी. फिर चाहे हमारी तैयारी की हो या साधन की हो. आधा मन और आधी शक्ति हमें सफलता तक नहीं पहुंचा सकती. यहां मैं आपके सामने 2 चार्ट रख रहा हूं।

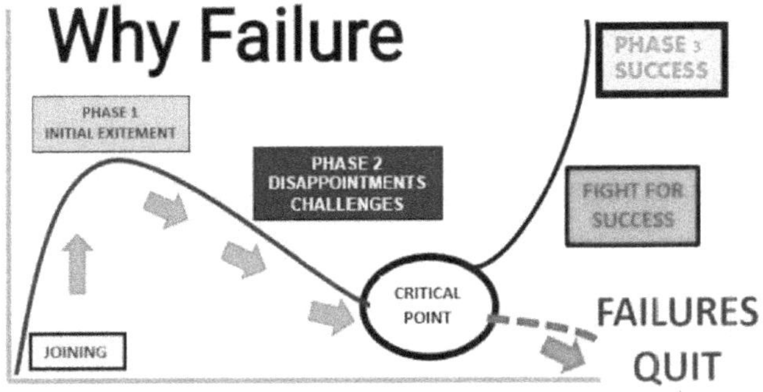

शुरुआती दौर में नई शक्ति नई ऊर्जा से आगे बढ़ते हैं लेकिन जैसे ही कुछ चुनौतियां आती है, हमारी रफ़्तार धीमी होती जाती है और हम एक ठहराव महसूस करते हैं।

जो लोग उन कठिनाइयों का सामना करते है संघर्ष करते हुए पड़ाव पार कर लेते हैं और कुछ छोड़ देते हैं और भविष्य में मिलने वाली सफलता की संभावनाओं से हमेशा के लिए दूर हो जाते हैं।

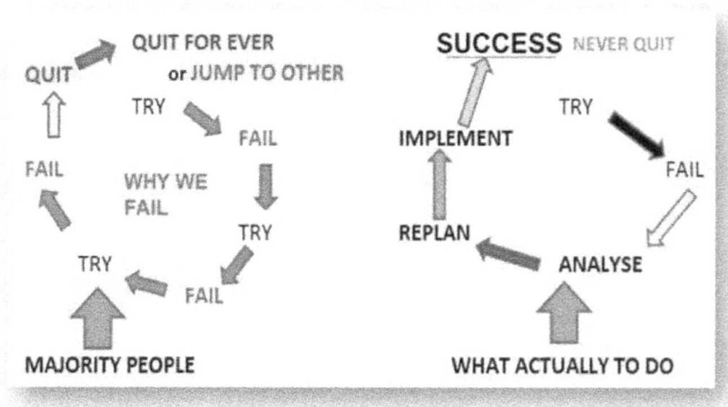

कुछ लोग प्रयास करते हैं असफल होते हैं, ऐसा बार बार करते हैं और छोड़ देते हैं

पहली बार असफलता मिलने पर यदि पुनर्मूल्यांकन करें, री प्लानिंग करें, उसे इम्प्लीमेंट करें। कारणों को खोजें क्या करना चाहिए था, क्या कमी रही उसमें सुधार या क्या नहीं करना चाहिए थैा, जो गलत कर दिया उसे रिपीट ना करें, किस संसाधन की कमी रही इसका अध्ययन करें, नई सोच के साथ आगे बढ़ते हैं, वही सक्सेस होते हैं।

सपने बुन लेते हैं प्लान बना लेते है लेकिन इम्प्लीमेंट वाला भाग कमजोर होता है. सिर्फ चाहत रखना पर्याप्त नहीं है. बार बार हमें अपनी शक्ति का, स्पीड का, टीम का मूल्यांकन करना होगा। जिस तरह हम व्हीकल की सर्विसिंग करते हैं, स्वास्थ्य के लिए मेडिकल चेकअप करते हैं, ठीक उसी तरह टीम का, इनकम का, ग्रोथ का, प्रोडक्ट्स बिक्री का, नए रिक्रूटमेंट का, आगे के प्लान का, उसके इम्प्लीमेंट का xray बहुत आवश्यक रहता है, जो समय समय पर दिशा निर्धारण करने में सहायक होता है।

सिस्टम फॉलो क्यों आवश्यक है, चलिए देखते हैं।

12

प्रणाली-नियम पालन

FOLLOW THE SYSTEM

इस इंडस्ट्री की सबसे बड़ी ख़ूबी यही है कि यहां हर कोई हर किसी को साथ लेकर चलता है और हमसे पहले आनेवालों ने मार्गदर्शक, गुरु और सलाहकार की भूमिका अपनाते हुए ऐसे कई दीपक जला रखें हैं जहां से हम बड़ी आसानी से रास्ता तय कर सकते हैं।

हर काम चाहे किसी भी फिल्ड का हो, उसके अपने नियम होते हैं, उसकी एक शैली सिस्टम होती है जिन्हे स्वीकार कर हमें आगे बढ़ना है. विषय पर गंभीर पकड़, उसकी पूरी तैयारी, पर्याप्त संसाधन, आवश्यक कदम, आत्मविश्वास, सकारात्मक सोच, कभी हार ना मानने की वृत्ति और पूरी शक्ति अतिआवश्यक है।

इन सभी को प्राप्त करने का स्त्रोत है ट्रेनिंग, सेमिनार सीनियर और टीम से अच्छे सम्बन्ध। जिस तरह हर क्षेत्र के अपने नियम होते हैं जिनका पालन करना होता है ठीक उसी तरह इस व्यवसाय के, कंपनी के भी अपने नियम होते है।

हमें भी सिस्टम और रूल्स को अपनाना होगा और ये इसलिए भी आवश्यक है क्योंकि हमारी इंडस्ट्री की बुनियाद ही डुप्लीकेशन पर आधारित है इसलिए सतर्कता जरूरी है टीम में ऐसा कुछ ना हों जो जिससे हमारी सफलता में कोई रुकावट आए।

आगे हम देखेंगे ग्रोथ पर पैनी नज़र क्यों जरुरी है।

13

वृद्धि पर पैनी नज़र

CONCENTRATE ON GROWTH

केवल अपने आप से प्रतिस्पर्धा करें, नकारात्मक विचारों से बचें, लचीला बनें और दृढ़ता से चुनौतियों का सामना करें। अगर हम गोल सेटिंग पर अधिक भार देते हैं और अपने लिए शॉर्ट टर्म, मिड टर्म और लॉन्ग टर्म सफ़लता का प्लान बनाते हैं, अपनी ग्रोथ के चार्ट का अच्छी तरह से अध्ययन कर उसका मूल्यांकन कर करते हैं, तो हमारे बिज़नेस को हम अपनी चाहत के अनुसार हासिल कर सकते हैं।

किस वजह से, कब, कहाँ, कैसी, कितनी ग्रोथ हुई उसकी स्टडी भी हमारी वृद्धि के प्रतिशत को बढ़ा सकती है और यही चार्ट हमें आनेवाले कल के लिए जागृत और सतर्क रहने के लिए तैयार कर सकता है. अपने वीकली या मंथली बिज़नेस वॉल्यूम, टीम ग्रोथ, टीम में एक्टिव इनेक्टिव डिस्ट्रीब्यूटर्स, रिपर्चेस का रेशो, इत्यादि पर नज़र रखना बहुत ज़रूरी है।

एक ग्राफ़ यदि हमारे उतार चढ़ाव का हम तैयार कर पाएं तो बहुत ही बेहतरीन होगा। यही बात हम ट्रेडिशनल बिज़नेस में भी देख सकते हैं, ऋतु के अनुसार, त्योहारों के मुताबिक उनके प्रोडक्ट्स या प्रमोशन बाज़ार में आते हैं इस शैली को हम भी अपना सकते हैं।

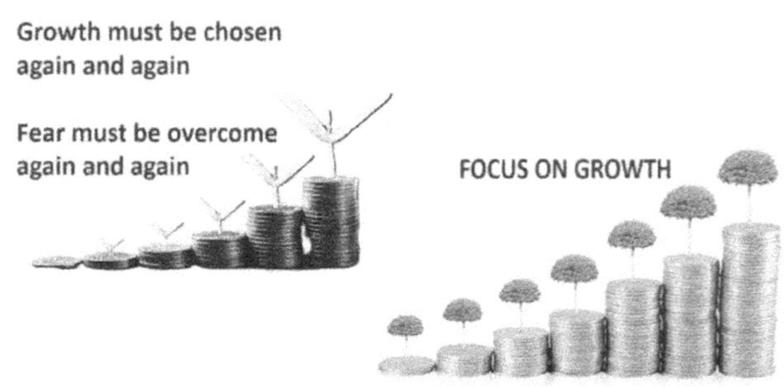

अक्सर ये देखा गया है, उत्सवों के समय, परीक्षाओं के दौरान, चुनाव के समय हमारे बिज़नेस वॉल्यूम के प्रमाण के कुछ कमी आने की गुंजाइश रहती है। यदि हमारे पास इस तरह की जानकारी है, तो हम प्रोफेशनल तरीक़े से हालात की तैयारी या सामना कर सकते है।

चलिए देखते हैं इनकम प्लान पर फोकस क्यों करना है।

14

इनकम प्लान को प्राधान्य

PROMOTE INCOME PLAN

इस इंडस्ट्री में हमारे प्रवेश का उद्देश्य सिर्फ और सिर्फ अर्निंग है, हम यहां एक अच्छे लम्बी दूरी के करियर और वेल्थ गेन के लिए आए हैं।

ये मेरा अनुभव है, कि हेल्थ वेलनेस कंपनी में अधिकतर डिस्ट्रीब्यूटर सिर्फ प्रोडक्ट्स प्रमोशन पर ही ध्यान देतें हैं और समाज में खुद को डॉक्टर या MR साबित करने की तैयारी करते हैं, भूल जाते है कि वे एक प्रोडक्ट बेस कंपनी के डिस्ट्रीब्यूटर है और उन्हें नाम शोहरत के साथ एक अच्छी रकम कमा कर सपने पूरे हैं।

शायद आपके मन में ये ख्याल आए कि, प्रोडक्ट देंगे अच्छा लगेगा तो वो खुद जॉइन करेंगे। यदि उन्हें रिज़ल्ट मिलने में 6 महीनें या साल भर लगे, हो सकता है रिज़ल्ट ना भी मिले। क्या तब तक आप रुके रहेंगे?

यदि रिजल्ट मिल गया तो रिपीट ऑर्डर नहीं आएगा। तब क्या? क्योंकि प्रोडक्ट रिज़ल्ट कोई विज्ञान का फॉर्मूला या गणित नहीं कि, हरेक का उत्तर एक आए।

डायरेक्ट सेलिंग में प्रोडक्ट से ज़्यादा फोकस इन्कम प्लान पर होना चाहिए। आपके बिज़नेस पार्टनर बीमार, दर्दी ना होकर आपके जैसे कुछ करने की तमन्ना में भरे होने चाहिए उनके भी सपने और ऊंचाई को छूने चाहत होनी चाहिए जिससे आपकी टीम की जल्द और मजबूत ग्रोथ हो।

बिज़नेस प्लान को अधिक भार देने की मेरी इस सोच को आईये समझते है. मान लीजिये 100 लोगों का एक ग्रुप है जिसमें 18 साल से 80 साल की उम्र के जिसमे पुरुष स्त्री बुजुर्ग विवाहित अविवाहित, एक कल्पना कीजिये और ग्रुप आँखों के सामने लाइए।

अब आप इस ग्रुप में उन 100 लोगों में से डायबिटीज, ब्लड प्रेशर, जॉइंट पेन, कमजोरी, कैंसर और भी बीमारी ले लो, अधिक से अधिक 50 -60 लोग होंगे।

अब उसी ग्रुप में पैसे की ज़रूरत, आवक की इच्छा. साइड इनकम की चाहत वाले कितने लोग होंगे? शायद आपका

जवाब होगा 80-90 % तो आपका क्लाइंट कमाना चाहता है।

मेरा ये कहना नहीं है कि, प्रेजेंटेशन टेबल पर आप प्रोडक्ट ना रखें, वो एक एंट्री टिकट है, जिसे खरीदकर ही वो इस में आ सकता है, लेकिन यदि आपको समझाने के लिए 60 मिनट्स की अपॉइंटमेंट मिली है, तो 10 मिनट कंपनी के बारे में, 15 मिनिट्स प्रोडक्ट्स और 30 मिनिट्स इन्कम प्लान ग्रोथ करियर पर और 5 मिनिट क्लोज़िंग पर हो तो बेहतर होगा।

आगे हम देखेंगे ट्रेनिंग क्या मायने रखती है।

15

टीम ट्रेनिंग

TEAM TRAINING

प्रशिक्षण का शब्दिक अर्थ है ज्ञान और कौशल को किसी विशेष कार्य करने के लिए बढ़ाना, उनके कार्य प्रदर्शन और कार्य व्यवहार में सुधार करना, बिज़नेस टूल्स तैयार करना।

हमने अब तक देखा, हमारी अपनी तैयारी, इस दिशा में हमारे अपने कदम कैसे होने चाहिए. आप अब तक जान चुके होंगे कि, जब तक हमारी टीम पूर्ण रूप से परिपक्व नहीं होगी, तैयार नहीं होंगी, सफलता की जंग जीतना लगभग नामुमकिन होगा। डायरेक्ट सेलिंग एक डुप्लीकेशन का व्यवसाय है और ये ट्रेनिंग से ही संभव है।

उसके लिए ज़रूरी है आपकी टीम प्रशिक्षित हो, उन्हें पता हो वो इस इंडस्ट्री में क्यों आए, आगे क्या करना है, आगे कैसे बढ़ना हैं, सिर्फ आपका ट्रेंड होना ही काफ़ी नहीं, बल्कि जितना अधिक भार टीम ट्रेनिंग, मटेरियल पर दिया जायेगा उतना टीम का फाउंडेशन मजबूत होगा।

क्या करना है के साथ साथ कैसे करना है, इसका ज्ञान बहुत ज़रूरी है. क्या आप जीत की कल्पना कर सकते हैं, यदि फौज का सेनापति ट्रेंड हो और जवानों को ट्रेनिंग ना हो. आपकी टीम भी को भी ट्रेनिंग के लिए तैयार करना होगा और ये तभी संभव होगा, जब ट्रेनिंग, मीटिंग, सेमिनार में आप खुद उपस्थित रहें, टीम आपको देख रही है, आपका अनुकरण कर रही है, ये कदापि न भूलें।

जितना महत्त्व आप अपने प्रशिक्षण को दे रहे हो, उतना ही ध्यान आपको आपकी टीम की ट्रेनिंग पर देना होगा। ये ट्रेनिंग आवश्यक नहीं आप दो, आपके सीनियर, कंपनी कोई भी दे सकता है।

आगे देखेंगे दौड़ में शामिल होना कितना और क्यों आवश्यक है।

16
दौड़ में शामिल होना
PARTICIPATE IN OFFERS

जुड़ना जितना महत्व रखता है जुड़े रहना भी उतना ही आवश्यक है।

इसके पहले हमने देखा कि, इनकम हमारी लाइफ में बहुत मायने रखती है लेकिन रैंक, रिवार्ड, प्रमोशन, रिकग्निशन भी ज़िन्दगी में उतना ही महत्त्व रखते हैं और ये हमारे साथ साथ हमारे परिवार और टीम को भी गर्व महसूस कराते हैं।

अक्सर ऑफर्स, सेल्स प्रोमो कई तरह के होते हैं जहाँ हम इनकम शोहरत दोनों हासिल कर सकते हैं. कुछ तो ऑफर्स नेशनल और इंटरनेशनल टूर के भी रहते हैं. अगर हम दौड़

में शामिल नहीं होते हैं तो हम ऊचांईयों को छूने से दूर हो जायेंगे। सफ़लता के लिए ये बहुत जरुरी है हर स्पर्धा के लिए हम तैयार रहें और पूरी ताक़त और जूनून के साथ पार्टिसिपेट करें।

किसी भी एंगल से देखें सेल बढ़ेगा या टीम की ग्रोथ होगी, आर्थिक लाभ हमें ही होगा। हमारी टीम में यदि यही भावना जगाने में हम सफल होते हैं तो विकास और तेजी से होगा।

आगे हम देखेंगे इस इंडस्ट्री में रिपर्चेस का महत्व।

17

रिपर्चेस को बढ़ावा

BOOST REPURCHASE

लगभग सभी कंपनी में रिपर्चेस का नियम होता है, लेकिन होता ये है कि, प्रोडक्ट्स की पूरी जानकारी, प्रोडक्ट्स को खाने की आवश्यकता, सभी फायदे जानते हुए भी खुद प्रोडक्ट्स का इस्तमाल ना करना, ये दर्शाता है कि, प्रोडक्ट के इस्तेमाल की अहमियत नहीं है।

ये देखा गया है, डिस्ट्रीब्यूटर पर्चेस तभी करते हैं जब बोनस निकलता है या रैंक प्रमोशन के लिए कुछ वॉल्यूम की आवश्यकता हो. यदि प्रोडक्ट्स खुद नहीं ले रहे, आप सिर्फ अपनी इन्कम बढ़े, इस ख्याल से प्रोडक्ट को अच्छा बताकर उन्हें इस्तमाल करने के लिए औरों पर भार दे रहे हो, तो लाभ नहीं होगा या बहुत कम होगा।

ये एक बहुत गंभीर विषय है, मान लीजिये आप बार बार सर्दी, खांसी, वायरल फीवर से परेशान रहते हो, ये जानने वाला आपके immune system वाले प्रोडक्ट पर विश्वास कैसे करेगा कि, आपके प्रोडक्ट में दम है रिज़ल्ट है, क्योंकि उसे तो आपने कह दिया होगा, मैं रेग्युलर ले रहा हूँ।

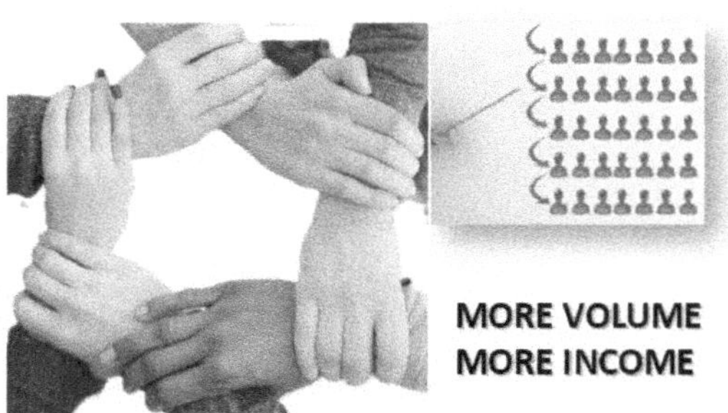

अक्सर ऐसा होता है, बोनस मिलता रहे सिर्फ इसलिए पर्चेस करते हैं, यदि रिपर्चेस कम्पलसरी ना हो, तो कुछ डिस्ट्रीब्यूटर पर्चेस भी ना करें, खुद के परिवार को भी ना खिलाए।

सोचिये, चिंतन करिये, यदि आपकी कंपनी में हार्ट के लिए कोई प्रोडक्ट हो, और आप इसे नज़रअंदाज़ कर रहे हो, खुदा ना करे आपको कोई तकलीफ़ शुरू हो जाय, क्या आप आँख मिला पाओगे अपनी टीम, कस्टमर या समाज से?

इसका प्रभाव आप के बिज़नेस पर ही नहीं कंपनी की साख पर भी पड़ेगा।

खुद कंज़्यूम करिये, आपका स्वास्थ्य, आपकी फिटनेस, चहरे पर ग्लो, आपका स्टेमिना इनर्जी आपको बिज़नेस दिलाएगी। आप अपने प्रोडक्ट के ब्रांड एम्बेसेडर बनिए, ताकि लोग आपको पूछें, क्या ले रहे हो आजकल?

विश्वास रखिये, सामने से लोग आपको प्रोडक्ट के लिए ऑर्डर देंगे, ये ट्रेनिंग अपनी टीम को भी दीजिए कि स्वयं खाइये और अपने परिवार को खिलाइए।

देखते हैं ऑनलाइन प्रमोशन क्या है और क्या लाभ है।

18
ऑनलाइन एक ज़रिया
USE SOCIAL MEDIA

ऑनलाइन प्रमोशन एक निहायती ज़रूरी है, जिससे आप कम समय में अधिक से अधिक लोगों तक अपनी अपनी बात रख सकते हो. फेसबुक, व्हाट्सएप, यूट्यूब, इंस्टाग्राम इत्यादि ये सारे माध्यम बहुत ही कारगर है।

मैं ये नहीं कहता कि ऑनलाइन बिज़नेस प्रमोशन से नई जॉइनिंग या प्रोडक्ट्स ऑर्डर की भरमार शुरू हो जाएगी, लेकिन ये कारगर तरीका है जहाँ हम एक क्लिक में हजारों लोगों तक पहुँच सकते हैं।

सबसे बड़ा लाभ ये भी है कि, हो सकता है आज उनका प्लानिंग ना हो लेकिन आपकी बार बार पोस्ट यदि वे देखते हैं, हो सकता आनेवाले कल उनका कॉल आ सकता है जब उन्हें आवश्यकता होगी।

सोशल मीडिया के ज़रिये आप एक तरह जानकारी दे रहे हो कि आप इस इंडस्ट्री से जुड़े हो आपके पास एक करियर है, प्रोडक्ट है. ये भी मुमकिन है भविष्य में किसी अंजान के पास जाने की बजाय आपके पास आना पसंद करेंगे तो वहीं कुछ बिना जानपहचान वालों के भी कॉल आ सकते हैं।

आज हर किसी के मोबाइल में 3000 प्लस तो लोग रहते ही है, हर किसी को तो कॉल करके बता नहीं सकते। लेकिन इन माध्यमों से सभी तक बहुत कम समय में पहुँच सकते हैं।

जब भी आप डिजिटल प्रमोशन का प्लान करें, आपका मैटर "KISS" होना चाहिए (KEEP IT SHORT AND SWEET), जो लोग पढ़ ले, मेटर जितना ज़्यादा होगा लोग एक नज़र डाल के आगे बढ़ जायेंगे, निबंध पढ़ने का ना तो किसी के पास समय है, ना ही उनकी समझ में आएगा।

आप जो भी फोटो विडिओ डाल रहे हो, उनकी सत्यता की पूरी जांच करे लें, यदि आप खुद बना रहे हो तो, अधिक सुन्दर आकर्षक बनाने के लिए गलत जानकारी ना डालें।

ईमेल - अपना ईमेल आयडी सिंपल रखिये जिसमें आपका नाम सिटी, कोई अंक हो ताकि आपके अपनों को यदि आप भेज रहे हो उन्हें अंजान न लगे. आप जिस कंपनी में हो वो नाम ईमेल में न रखिये, ये सिर्फ़ एक मेरा सुझाव है।

फेसबुक - एक ऐसा माध्यम है, जहाँ से आप अपने कॉन्टेक्ट्स का दायरा बढ़ा सकते हैं, आपको बिज़नेस ग्रुप्स मिलेंगे, जिसमे आप जुड़कर अपने प्लान और प्रोडक्ट्स की जानकारी दे सकते हो।

विज्ञापन मैटर या फोटो इमेज आप खुद तैयार कर रहे हो, तो इस बात का विशेष ध्यान रखें कि, जानकारी कंपनी के लीफलेट पर आधारित हो, रोज की सिर्फ एक एड डालिये और अलग डालिये. कभी प्रोडक्ट पर कभी प्लान पर।

फेसबुक में आप अपना एक अलग से पेज बनाकर उसे प्रमोट कर सकते हो, जिसके कवर इमेज में आप अपना फोटो, विज़न डाल सकते हो. फेसबुक story में भी पोस्ट कर सकते हो।

फेसबुक में कमेंट्स देते समय इस बात का अवश्य ध्यान रखें की राजनीति, जातिवाद, दूसरी कंपनी की बुराई में न उलझें, हो सकता है आप ही के किसी डिस्ट्रीब्यूटर की भावना को दुःख पहुंचे, बेशक आप अपने विचार रख सकते हो, सिर्फ बहस से दूर रहें।

बीच बीच में आपके विज्ञापन के साथ साथ, कुछ महापुरुषों के सुवाक्य, कुछ रोचक जानकारी, त्योहारों की शुभकामनाएं डालते रहिये, आपके फैन, फॉलोवर्स बढ़ते रहे ये प्रयास कीजिये।

यूट्यूब - आप अपना परिचय, किसी प्रोडक्ट, नए डिस्ट्रीब्यूटर जोइनिंग प्रोसीज़र, रिपर्चेस, बैक ऑफिस की जानकारी पर अपना एक विडिओ डाल सकते हो. आप अपनी चॅनेल भी बना सकते हो।

विडिओ शूट के समय एक बात का अवश्य ध्यान रखें, यदि आप घर में शूट कर रहें हो, पहले चेक कर लें बैक ग्राउंड जो वीडियो में दिख रहा है, सुन्दर, आकर्षक हो, घर का सामान जो वीडियो में दिख रहा हो, वीडियो की सुंदरता घटा सकता है।

आपके ड्रेसिंग सेंस पर विशेष ध्यान रखिये, विडिओ अपलोड करने से पहले पिक्चर और साउंड क्वालिटी की जांच अवश्य करें। वीडियो में यदि आप कुछ बोल रहे हैं, तो 3-4 रिहर्सल करें, उतना ही बोलें जितना जरुरी हो, विशेष रूप से आपकी भाषा साफ, सरल और सौम्य होनी चाहिए।

इस विडिओ लिंक को आप चाहो तो फेसबुक, व्हाट्सएप पर भी अपलोड कर कर सकते हो।

व्हाट्सएप - आप मित्रों के, रिश्तेदारों के और कई अन्य ग्रुप से जुड़े होंगे उसमे भी अपना संदेश भेज सकते हो, उन्हें मीटिंग के लिए आमंत्रित कर सकते हो लेकिन ध्यान रहे फोटो, वीडियो ना भेजें कोई डाउनलोड करके नहीं देखेंगा। आप उन ग्रुप्स में टेक्स्ट मैसेज भेजिए वो भी शॉर्ट में ताकि कोई भी पढ़ ले।

अपनी टीम के सभी को कंपनी के नए ऑफर, प्रमोशन, जानकारी मीटिंग, सेमिनार की जानकारी के लिए व्हाट्सएप ग्रुप ना बनाकर ब्रॉडकास्ट लिस्ट का प्रयोग कीजिए, ग्रुप में किसी नाराज, असन्तोषी जीव ने कुछ अनचाहा अभिप्राय, जानकारी, शिकायत, वगैरे पोस्ट कर दी, तो ऐसी स्थिति में हैंडल करना मुश्किल होगा। ग्रुप बनाने से दूर रहिए क्योंकि एक दूसरे को कॉन्टैक्ट नंबर मिल जाते हैं।

व्हाट्सएप स्टेटस में पोस्ट नियमित रूप से डालते रहिए।

आप चाहो तो व्हाट्सएप बिज़नेस भी डाउनलोड कर सकते हो जहां आप प्रोडक्ट केटलॉग अपलोड कर सकते हो।

इंस्टाग्राम - इसमें भी आप फोटो या वीडियो पोस्ट सकते हो, आप अपना 40-50 सेकंड का एक विडियो अपलोड कर

सकते हो, #टैग का इस्तेमाल कर अलग अलग विषयों में रूचि रखने वाले लोगों तक पहुँच सकते हो।

मान लो कोई वेलनेस प्रोडक्ट का फोटो आपको डालना है, अपलोड कर शेयर करने से पहले, #टैग डालिये जैसे #health, #wellness, #supplement, #life, #fitness, #oppoutunity, #career, अब आपकी जानकारी, उन लोगों को जाएगी जो इस विषय में जानकारी लेना चाहते है, यदि आप किसी विशेष नाम से सोशल मीडिया में फेमस हो तो #kulgul जो की मेरा है, कंपनी का नाम, आप अपना नाम डाल सकते हो।

ZOOM - इस प्लेटफॉर्म पर हम अपने टीम मेंबर्स के साथ या सीनियर्स के साथ मीटिंग ले सकते हैं. प्रवास का समय और खर्च में बचत के साथ सभी लोग एक मंच पर आ सकते हैं, यहां आप PPT फ़ाइल शेयर करते हुए मीटिंग या ट्रेनिंग को अंजाम दे सकते हैं।

व्हाट्सएप वीडियो - इस माध्यम से आप चाहो तो प्रतिदिन या नियमित रूप से अपनी टीम से या अलग अलग ग्रुप से मिल सकते हैं।

मैं ये बताने का प्रयास कर रहे हूँ कि, कई लोग कॉन्टेक्ट्स के अभाव में अपना मिशन छोड़ देतें है, क्योंकि उनकी लिस्ट लगभग ख़त्म हो चुकी होती है, जबकि यहाँ से आप एक नए लोगों से संपर्क साध सकते हो. अपने आप को एक लीडर की दिशा में ले जाने का सतत प्रयास करते रहिये।

अगला विषय एकता - टीम वर्क।

19

एकता - टीम वर्क

STRENGTH IN UNITY

डायरेक्ट सेलिंग एक ग्रुप, टीम, सम्बन्ध (HUMAN RELATION) पर आधारित है, प्रयास ये रहना चाहिए की रिलेशन बरक़रार रहे।

सिर्फ जोइनिंग करवाना आपका मक़सद ना होकर, आपको अपने और टीम के सफलता के ध्येय को हांसिल करना है. आज हम देख रहे रिश्तेदार, यहाँ तक कि खून के रिश्ते में दरार आ रही है, वहीं आपको, अलग अलग उम्र, भाषा, संप्रदाय, विचारधारा, रहन-सहन, शैक्षणिक योग्यता, वित्तीय स्थिति के लोगों को एक साथ लेकर चलना है।

आपका अंदर से मजबूत होना बहुत ज़रूरी है, यदि आप अंदर से कुछ अपसेट हों, तो भी आपके भाषा, हाव-भाव, व्यवहार से ये नहीं झलकना चाहिए।

टीम वर्क की बात यदि हम करें तो अक्सर लोग इनकम प्लान को सामने रखकर उसके मुताबिक टीम के साथ व्यवहार करते हैं।

यदि प्लान में डायरेक्ट स्पॉन्सर इन्कम की व्यवथा है. तो सिर्फ अपने द्वारा ज्वाइन करवाए गए डिस्ट्रीब्युटर्स पर विशेष ध्यान, प्लान यदि बायनरी हैं तो सिर्फ वीक लेग पर काम, प्लान यदि जनरेशन हैं तो जिनसे ज़्यादा इन्कम हो रही है उन पर ध्यान, यदि रेंक सिस्टम हों तो जहाँ से अपनी रेंक बढ़ रही हो वहीं काम करना, ये उचित नहीं।

डायरेक्ट सेलिंग व्यवसाय में पासा पलटते देर नहीं लगती, कभी भी कोई भी डिस्ट्रीब्यूटर, महत्वपूर्ण हो सकता है. डायरेक्ट हो, इनडायरेक्ट (आपके टीम मेंबर ने लाया हो) या स्पिल (आपको ऊपर से अपलाइन से मिला) हो, आपका दृष्टिकोण समान होना चाहिए।

अगले विषय में पॉकेट मीटिंग की अहमियत को समझेंगे।

20

पॉकेट मीटिंग

POCKET MEETING

पॉकेट मीटिंग को हम मिनी सेमिनार भी कह सकते हैं, शुरुवाती दौर में टीम छोटी होती है और ये ज़रूरी नहीं, कि, हर बार मीटिंग किसी बड़ी हॉटेल या कॉन्फरन्स हॉल में ही की जाय।

पॉकेट मीटिंग एक महत्व इसलिए भी है, कि इसे कम खर्च में किया जा सकता है. बिज़नेस कोई भी हो, नींव मजबूत करने के लिए मेहनत करनी पड़ती है, डायरेक्ट सेलिंग में अधिक और बार बार मीटिंग पर भार देना आवश्यक है, पॉकेट मीटिंग यदि चाहें तो सप्ताह में दो या तीन बार भी की जा सकती है।

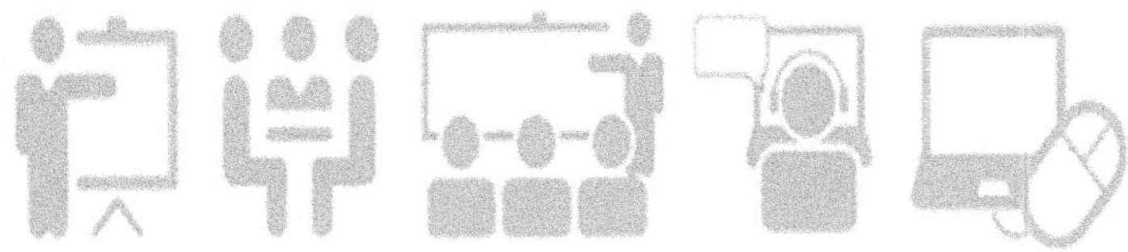

पॉकेट मीटिंग या छोटे पैमाने के सेमिनार का लाभ यह है कि ट्रैवेलिंग में टीम का खर्च और समय बचता है और लाभ

ये भी है कि, हम हमारी टीम के करीब आते हैं जिसे हम बॉन्डिंग कहते हैं, वो बढ़ती है. आने वाले कल का लीडर भी हमें यहां से मिल सकता है क्योंकि पॉकेट मीटिंग में बिज़नेस प्लान या प्रोडक्ट्स समझाने के लिए अधिक से अधिक पार्टनर्स को मौका मिल सकता है।

नई आइडियाज कहो या डुप्लीकेशन को भी हम इसके ज़रिये बढ़ा सकते हैं उन लोगों की कुछ सवाल, क्वेरीज़ हो उसका कम समय में समाधान कर सकते हैं।

आगे हम देखेंगे होम मीटिंग से लाभ।

21

होम मीटिंग

ORGANISE HOME MEETING

होम मीटिंग भी एक कम खर्चीला किन्तु अत्यंत कारगर नुस्ख़ा है, ये किसी भी टीम मेंबर के घर पर, या घर के आसपास कोई उपयुक्त स्थान पर, या फ़िर आसपास कोई गार्डन हो, वहां रखी जा सकती है।

प्रोडक्ट की जानकारी दे सकते हैं, दिखा सकते हैं, किसी के कुछ सवाल हो तो उनका व्यक्तिगत रूप से समाधान कर सकते हैं. होम मीटिंग हमारी टीम में एक भविष्य की सफलता के लिए विश्वास जगाती है. एक लीडर का जो कर्तव्य होता है टीम सपोर्ट उसके लिए भी एक कारगर उपाय है।

थर्ड पार्टी इम्प्रेशन जो मार्केटिंग के क्षेत्र में बहुत महत्व रखता है, उसका भी लाभ हमें मिलता है. उनके अपने लोगों को वो समझायेंगे और उन्ही जब कोई और कहे वो अधिक असरकारक होता है. ये एक मानसिक वृत्ति है जो हमें परिवार समाज में भी देखने मिलती है. अपने परिवार का कोई सदस्य कुछ बात रखें तो सबसे पहले "ना" निकलता है या देखेंगे सोचेंगे वाला जवाब आता है, लेकिन वही बात जब बाहर वाला कहता है तो हम तुरंत स्वीकार कर लेते हैं।

इसका सबसे बड़ा फ़ायदा ये होता कि, डिस्ट्रीब्यूटर को खुद को सिखने मिलता है, जब कंपनी की ओर से कोई सेल्स ऑफिसर या लीडर जब समझाता है. होम मीटिंग हमारे टीम पार्टनर्स में नया जोश और उत्साह बढाती है।

अगले भाग में देखेंगे एक लीडर का महत्त्व और उसके लिए ज़रूरी मुद्दे क्या हो सकते हैं

22

लीडर एक महत्वपूर्ण कड़ी

LEADERSHIP ROLE

नेतृत्व यानी कोई व्यक्ति किसी टीम या संगठन के लिए जिम्मेदार होता है, दूसरों को प्रभावित करने और मार्गदर्शन करने की क्षमता रखता है।

परिवर्तन को स्वीकार करने की क्षमता, खुद में बढ़ाना और टीम को भी ऐसा करने के लिए प्रोत्साहित करने में सक्षम होना, सामने खड़ी और आनेवाली चुनौतियों को हल करने में सक्षम होना और लोगों को नए तरीके सोचने में मदद करना, उनकी क्षमताओं में आत्मविश्वास पैदा करने में मदद करना, टीम से संबंध निर्णय और कार्य का एक अच्छा वातावरण निर्माण करना, लीडरशिप कहलाता है।

लीडर पहले दिन से ही लीडर नहीं बनता, काफी समय, संघर्ष, धैर्य की ज़रूरत होती है, यदि आप इसे और अच्छी तरह समझना चाहते हैं तो एक बार मिशन मंगल मूव्ही देखिये, यदि आपने देख चुकी है तो एक बार एक लीडर बनने के इरादे से देखिये। नए लोग जिन्हे अनुभव नहीं, समय कम, फ़ंड का आभाव, आस पास के लोगों से नकारात्मक बातें, कदम पर कठिनाइयां यहाँ तक कि, पहला प्रयास और सफलता के लिए एक चेलेंज।

जनता हूँ कुछ पाठक इस बात से पूरी तरह सहमत ना होंगे क्योंकि एक कहानी, रिटन स्क्रिप्ट है, फ़िल्मी कलाकार को सफल दिखाना ही है, किन्तु स्क्रिप्ट को हमारी ज़िन्दगी से मिलाएं तो काफ़ी हद तक समानता मिलेगी, कई बार हम हमारी सोच, प्रोजेक्ट बदल देते हैं, लेकिन रस्ते में आनेवाली कठिनाइयां हटाना है ना की प्रोजेक्ट बदल देना। ये जिम्मेदारी लीडर की होती है कि टीम को सही मार्गदर्शन, दिशा और शक्ति से भरपूर रखे।

BOSS	LEADER
Say's "I"	Says "We"
Takes Credit	Gives Credit
Blames Others	Takes Responsibilities
Criticizes	Encourages
Directs	Coaches
Focuses on Weaknesses	Focuses on Strengths
Uses Employees	Developes Team
Generates Fear	Earns Respect
Depends on Authority	Depends on Goodwill
Says "Go"	Says "Let's Go"
Manage	Mentor
Set Rules	Set Examples

डायरेक्ट सेलिंग में लीडर की भूमिका अति महत्वपूर्ण हैं, यूँ कहें कि वो रीढ़ की हड्डी है, तो गलत नहीं होगा। लीडर एक ऐसी कड़ी है, जो कंपनी और डिस्ट्रीब्यूटर को जोड़ती है, कंपनी को एक नाम देनें में और टीम को सफलता के शिखर तक पहुंचने में लीडर विशेष भूमिका होती है।

लीडर को इस बात की सावधानी रखनी चाहिए, ये एक बिज़नेस है, कभी कुछ भी हो सकता है - अतः स्वयं के

फायनांस मेनेजमेंट के प्रति हमेशा सतर्क रहें- उचित होगा यदि वह अपनी कुल आवक (कमीशन) का 30% टीम बिल्डिंग टीम खर्च में लगाएं, 30% सेविंग (बैंक) में रखें, 30% परिवार खर्च (घर खर्च) तथा 10% इमर्जेंसी रिज़र्व फंड रखें, यदि स्वयं का आर्थिक संतुलन बिगड़ जाएगा तो आगे बिज़नेस में ध्यान देना मुश्किल होगा।

लीडर वही जो लीडर बनाए, ऐसा सिर्फ डायरेक्ट सेलिंग में ही कहा जाता है, जबकि दूसरे सभी फ़ील्ड में लीडर का पूरा ध्यान अनुयायी बनाने में लगा रहता है. एक सफलतम लीडर को वर्तमान और भविष्य की दृष्टी रखना ज़रूरी है और यही विज़न उसे और उसकी टीम को जितनी चाहत हो, शोहरत तथा आर्थिक लाभ दिला सकता है।

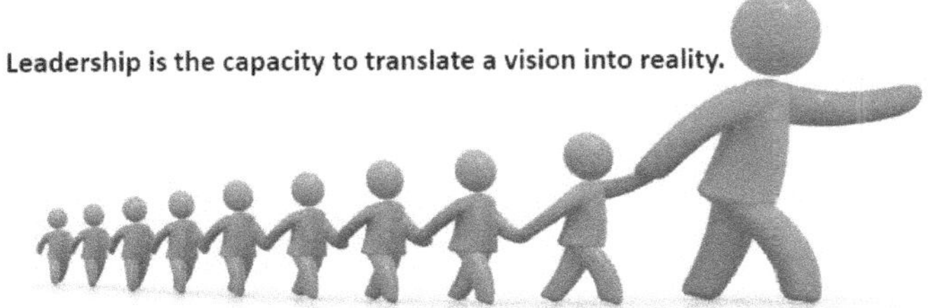

There are three essentials to leadership: humility, clarity and courage

आज के स्पर्धात्मक जगत में ज़रूरी है कि, लीडर का ध्यान अपने व्यवसाय और टीम पर केंद्रित होना चाहिए, डायरेक्ट सेलिंग में आए दिन नए नए प्रस्ताव नए प्रलोभन के साथ मिलते रहते हैं, लीडर का अनुभव, दूर दृष्टी और गहरी सोच

आवश्यक है, जो उसे सही गलत की पहचान करने में मदद करती है और टीम को बचा सकती है।

लीडर यदि ये समझे कि वो अपने डिस्ट्रीब्यूटर्स के लिए पिता या बड़े भाई सामान है, एक परिवार है जिनका मक़सद सिर्फ़ सफलता है, तो फिर आगे बढ़ने से नहीं रोक सकता।

अक्सर लोग कहते हैं कि, पीछे पलट के नहीं देखना चाहिए या भूतकाल को याद नहीं चाहिए, लेकिन भूतकाल में हुई गलतियां ज़रूर याद कर उससे सीख लेकर उसमें दुरुस्ती होनी चाहिए, जिससे उन गलतियों की पुनरावृत्ति ना हो।

देखा गया है कि, किसी कंपनी में असफलता, लीडर के लिए सबसे बड़ा कारण होता है, बार बार कम्पनी बदलना, लीडर कंपनी बदलता रहता है बस बदलता रहता है. ऐसे समय उसे ज़रूरत है, अपने आप में बदल की, अपने व्यवहार, सिस्टम, कार्य की रणनीति में बदलाव की, जो रुकावट या असफलता का कारण बनी. कंपनी बदलना सफलता का पर्याय नहीं है, आवश्यकता है अपने आप में सुधार की।

अपने कार्य के प्रति पूर्णरूप से समर्पण, कमिटमेंट और विश्वास, कंपनी, प्रोडक्ट्स, इन्कम प्लान और टीम पर होना बहुत ज़रूरी है।

डायरेक्ट सेलिंग के करियर में कई लीडर्स के साथ ऐसा हुआ होगा कि, पलक झपकते उनकी टीम टूटी हो और ये तब होता जब किसी कंपनी का कोई लीडर आपके टीम से लोग अपनी कंपनी में ले जाता है, या आपकी टीम का कोई लीडर किसी और कंपनी में चला जाता है - इन दोनों स्थितियों में

वे लोग आपकी टीम के उन लोगों को टच करेंगे जो एक्टिव हैं, या उनके आपसे सम्बद्ध पहले जैसे नहीं रहे।

यदि आप अपनी टीम के मेंबर्स से एक अच्छे रिलेशन में हैं, तो आपको पल पल की खबर मिल सकती है, कुछ लोग टीम से चले जाने के बाद भी, उनकी डाउन लाइन को लेकर यदि आप आगे बढ़ते हैं, तो आप स्थिति को अधिक नुकसान से बचा सकते हो. लीडर कभी इतना भी अतिविश्वासी ना रहें की, उसके साथ ये सब नहीं होगा, इस विषय पर कहने के पीछे के मुख्य कारण है कि, सम्बन्ध जो डायरेक्ट सेलिंग की बुनियाद है. इसी के ज़रिये ही आगे बढ़ा जा सकता है।

अनुशासन को देखते हैं जहां विशेष ध्यान देने की आवश्यकता है।

23

अनुशासन

DISCIPLINE WITH CONSISTENCY

अनुशासन का अर्थ नियमों के अनुसार कार्य करने के लिए प्रशिक्षण या कौशल विकसित करने वाली गतिविधि भी हो सकता है। लीडर फिर वो चाहे किसी भी फील्ड में हो, काम में, व्यवहार में अनुशासन अति आवश्यक है. इस शब्द के महत्त्व को और अधिक गहराई देखे तो हमें नम्रता आत्मसंयम को भी जोड़ना होगा।

जैसा हमने देखा एक ग्रुप, टीम जिसे एक लीडर लेकर चलता है, उसमें शिष्टाचार के गुण जिसमें खास तौर से किसी से बात करते समय संयम अति आवश्यक है. एक लीडर का व्यवहार उसके हाव भाव ही उसे एक पहचान देते है, यदि एक लीडर ये आशा रखता है कि, टीम उसकी सुने, अनुकरण करे, मार्गदर्शन पर चलें, तो खुद को एक उदाहरण के रूप में लोगों के सामने रखना होगा।

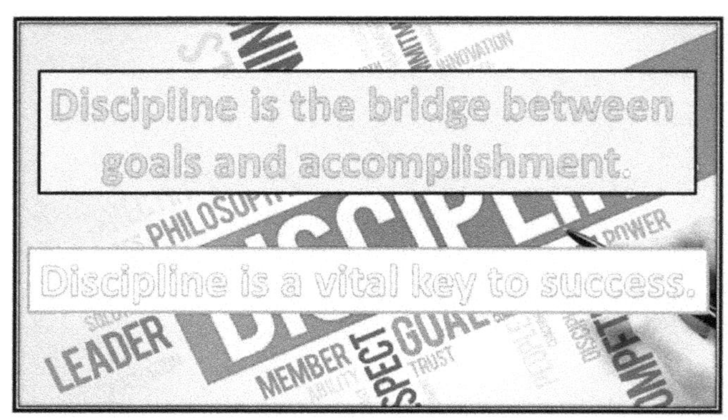

मीटिंग के समय, किसी मुलाक़ात के समय, समय की पाबंदी एक लीडर की अच्छी छाप छोड़ सकती है ताकि किसी का भी वक़्त बर्बाद ना हो।

चलिए देखते हैं मानव सम्बन्ध।

24

मानव संबंध

HUMAN RELATION

ऐसा नहीं कि, यही एक इंडस्ट्री है जिसमें रिलेशन जरुरी है, आप कोई भी क्षेत्र ले लीजिए बिना सम्बन्ध बनाए आप सफल नहीं हो सकते। यहां तक की हमारी पर्सनल लाइफ यानि घर, परिवार, रिश्ते नाते सभी संबंधों पर आधारित होते हैं. टीम की ग्रोथ इस बात पर भी निर्भर करती है कि हम कैसे संबंध बनाते हैं, मानवीय संबंध हमारे करियर की सफलता का एक महत्वपूर्ण हिस्सा है।

डायरेक्ट सेलिंग व्यवसाय में यदि हम बिज़नेस कम होने की या टीम टूटने की वजह पर ग़ौर करें तो मुख्य कारण होगा संबंधों के फ़र्क आना, चाहे वो टीम मेंबर से हो या कस्टमर से जो हमारे प्रोडक्ट्स के उपभोक्ता है।

जैसा मैं पहले बता चूका हूँ एक लीडर डायरेक्ट सेलिंग व्यवसाय में एक ऐसा सेंटर पॉइंट है जिसे कंपनी, स्वयं के अपलाइन और खुद की टीम को संभालना होता है और ये बिना अच्छे सम्बन्ध रखे मुश्किल है. इसमें सबसे महत्वपूर्ण है - टीम को संभालना। मेरी नज़र में टीम का हर मेंबर डाउन लाइन नहीं बल्कि लाइफ लाइन है, उन्हें भी रेंक, इन्कम, शोहरत सभी कुछ हासिल करवाना पड़ेगा।

Relationships are crucial for survival as a human being.
At home, the workplace, society...
we need people around us for acceptance, motivation,
trust, disclosure, communication,
self-awareness, encouragement, and conflict handling.

SELF RESPECT और EGO इसके अंतर को बहुत बारीकी से समझना होगा। वैसे तो सम्बन्ध ख़राब होने के और भी कई कारण है, जैसे स्वार्थ, पैसों का लेनदेन, बिज़नेस में सपोर्ट के वादे पुरे ना कर पाना, पॉवर लेग या जिनसे इन्कम कम आ रही हैं, उन पर कम ध्यान देना, बात बात में आवेश में आ जाना, लीडर बन जाने पर व्यवहार और रवैये में फर्क आ जाना, इससे बचना होगा।

सभी बातों को ध्यान में रखकर एक लीडर के लिए सम्बन्ध बनाएं रखना बहुत ज़रूरी है क्योंकि बिगड़े हुए संबंधों को फिर से जोड़ पाना पहले जैसे कर लेना बहुत कठिन है. संबंधों की बात जब हम करते हैं तो अलग अलग फ़ील्ड में अलग अलग मायने निकलते हैं जैसे मित्रता के सम्बन्ध, पारिवारिक सम्बन्ध, सामाजिक सम्बन्ध - लेकिन डायरेक्ट सेलिंग में सम्बन्ध आर्थिक सम्बन्ध इन्कम से जुड़े होते

है, जिसमे यदि फ़र्क आ जाय सिवा नुकसान के कुछ हाथ नहीं आता।

अब हम देखेंगे बिज़नेस एथिक्स क्या होता है।

25
नैतिकता

STICK TO ETHICS

चाहे निजी जिंदगी हो या बिज़नेस लाइफ, एथिक्स अति आवश्यक है यूं कहें नैतिकता ही हमें शिखर तक तक पहुंचा सकती है, तो गलत नहीं होगा। नैतिकता, किसी बात को नैतिक रूप से सही और गलत माने जाने वाली चीज़ों का अध्ययन है, इस बात से संबंधित है कि हमारे और टीम के लिए क्या अच्छा है।

लालच, शीघ्र सफलता की लालसा ऐसे कई कारण है जो हमें अनैतिक कार्य के लिए प्रेरित करते हैं।

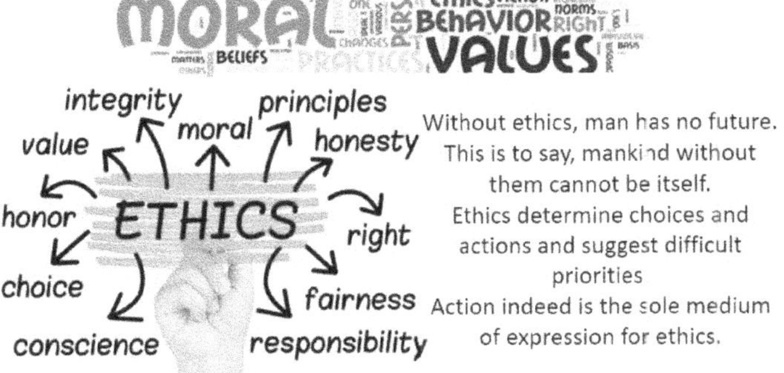

डायरेक्ट सेलिंग हो या फिर परिवार, समाज हो हर समय फेस वैल्यू बहुत महत्व रखती है. एक बार अगर विश्वास टूट गया उसे दोबारा हासिल करना असंभव है।

एक लीडर के नाते यदि अपनी ग्रोथ, अपने पेआउट पर कुछ समय के लिए रुकना भी पड़े और पूरी शक्ति टीम के लिए जो हमारी लाइफ लाइन है, उस पर लगा देते हैं, तो भी कोई नुकसान नहीं है, क्योंकि टीम तो हमारी ही बढ़ रही है।

नैतिकता को हम एक ऐसे सिद्धांतों के रूप में सोच सकते हैं जो हमारे व्यवहार को सर्वोत्तम विकल्प बनाने की दिशा में निर्देशित करता है, जो सभी के सामान्य हित में योगदान करते हैं।

नैतिकता वह है जो हमें सच बोलने, अपने वादे निभाने या किसी जरूरतमंद की मदद करने के लिए मार्गदर्शन करती है।

हमें हमारे हित के लिए 2nd लाइन तैयार करना जरुरी है, आइए इसे देखते हैं।

26

लीडर तैयार करना

CREATE LEADERS

डायरेक्ट सेलिंग ये ONE MAN ARMY नहीं है, किसी अन्य क्षेत्र में हम देखते है एक लीडर अंत तक वो खुद ही लीडर बना रहने की चाहत रखता है, लेकिन ये एक ऐसा क्षेत्र है जितना हो सके अपनी टीम में लीडर तैयार करना चाहिए, ग्रोथ तो टीम की हो रही है।

हम जिस सफलता पर पहुंचे है या इच्छा रखते वो उनकी भी है और उन्हें लाया भी हमने ही है, हमें उन पर ध्यान देना ही होगा।

जितने लीडर हम तैयार कर सकते है उतना हमारा LONG TERM BENEFIT होगा क्योंकि लम्बी दौड़ और असीमित सफलता के लिए रुट मजबूत होना अतिआवश्यक है।

डायरेक्ट सेलिंग की विशेषता में पैसिव इनकम एक मुख्य आकर्षण है इस दृष्टि से भी यदि हम देखें तो हमारी टीम में लीडर का बढ़ना उसकी इनकम बढ़ना, तो लाभ हमें ही है।

इस इंडस्ट्री में लीडर की परिभाषा यही है लीडर बनो और टीम में अधिक से अधिक लीडर बनाओ।

आने वाले विषय में हम देखेंगे चुनौतियां।

27

चुनौतियों का सामना

FACE CHALLENGES

क्या लगता है अमेज़ॉन, इनफ़ोसिस जैसी कम्पनीज़ ने अपने आरम्भिक दौर में कम चुनौतियों का सामना किया होगा या कम संघर्षों से गुजरे होंगे?

वहीं दूसरी ओर जिन्होंने समय के साथ अपनी रफ़्तार नहीं रखी अपने सोच को नहीं बदला वे आज अस्तित्व में नहीं है या दौड़ में नहीं है।

चुनौतियाँ किसे नहीं आती, किस क्षेत्र में नहीं आती फिर चाहे जॉब हो प्रोफेशन हो या ट्रेडिशनल बिज़नेस, चुनौतियों को यदि हम समस्या मान लेंगे तो हमारा ही नुकसान है।

इस इंडस्ट्री में सबसे बड़ी चुनौती है, टीम बनाना, बढ़ाना और टीम टूटने पर फिर तैयार करना, किसी ऐसी चीज से निपटना जिसके सफलतापूर्वक करने के लिए बहुत अधिक मानसिक या शारीरिक प्रयास की आवश्यकता होती है, ये हमारी क्षमता का परिचय भी है।

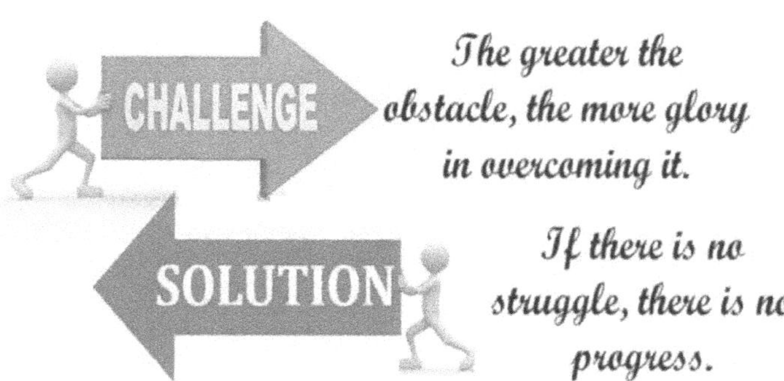

चुनौतियों का सामना करने के जरुरी है खुद पर विश्वास रखें और तनाव से दूर रहें, हो सकता है कामयाबी के लिए थोड़ा PAUSE आ जाय।

सकारात्मक दृष्टिकोण रखते हुए यदि हम वही जोश और उम्मीद बरक़रार रखते हैं, तो ही हम चुनौतियों का सामना करने में सक्षम होंगे।

अपने ACTION PLAN, आदत, स्वभाव, टीम से सम्बन्ध, कार्य और कार्यान्वयन का नए सिरे से मूल्यांकन करें, कहीं ऐसा ना हो - धूल चेहरे पर थी और हम आईना पोछते रहे।

बिना किसी रुकावट, खुले रास्ते और सारी परिस्थियाँ अनुकूल हो और हम बढ़ें तो फिर लीडरशिप कैसी, वास्तविकता को स्वीकारें उसका सामना करें, उन सपनों को याद करें जो हमने इस इंडस्ट्री में कदम रखते समय देखे थे।

हर चुनौतियों का सामना किया जा सकता है बस आवश्यकता है तो बदल की, कुछ अपने में और कुछ कार्य प्रणाली में, असत्य, बनावट का सहारा हमें और दलदल में फंसा सकता

है, हो सकता है झूठ का सहारा हमें कुछ समय के लिए रिलीफ दे दे, लेकिन दीर्घकालीन समाधान नहीं दे सकता।

इसी को आगे बढ़ाते हम समझेंगे झूठ से दूर रहना है।

28

असत्य बनावट से दूरी

AWAY FROM FALSEHOOD

सच्चाई ईमानदारी ही हमें क़ामयाब बना सकती है क्योंकि मार्केटिंग एक ऐसा क्षेत्र है जहां हमारा चेहरा, इमेज बहुत मायने रखती है. ये इंडस्ट्री मानव संबंध पर आधारित है संबंध तभी मजबूत और लम्बी दूरी के होंगे अगर व्यवहार में शुद्धता और अपनी कार्यशैली को साफ़ सुथरी रखेंगे।

जड़ें गहरी होगी तभी मजबूती आएगी और उसके लिए हमें टीम का हमसे जुड़े लोगों का विश्वास जितना होगा ये तभी संभव है जब हम शार्ट टर्म गेन से दूर रहेंगे। इस व्यवसाय को हमने अपने और अपने परिवार के लिए सिर्फ इसलिए चुना है कि, जहां से हम जिंदगी के लिए वो सब कुछ प्राप्त करें जो हमें चाहिए।

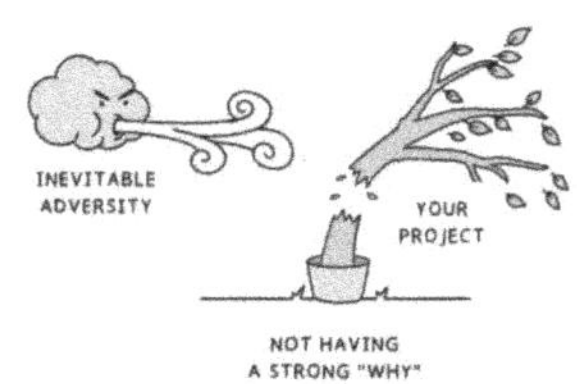

हमारी जिंदगी में हमारी नियत, कर्मा बहुत महत्वपूर्ण है बात ज्यादा दिन तक छुपी नहीं रह सकती और फिर ये सोशल मीडिया का दौर है बात फैलने में कोई समय नहीं लगता। सफलता भले देरी से हमें मिले लेकिन रास्ता नेक, दुरुस्त और सच्चाई पर आधारित होना नितांत आवश्यक है।

अब हम देखेंगे शिकायतों से हमें दूर रहना है।

29
छोड़िये शिकायत
STOP COMPLAINING

शिकायत या अपनी असफलता का ठीकरा किसी और पर फोड़ना कुछ समय के लिए झूठी तसल्ली से सकता है लेकिन कामयाबी नहीं। इसके पहले के विषय में हम देख चुके हैं बहुत जरुरी है अपनी शक्ति, कमजोरी, ऑपच्र्युनिटी और डर का स्व मूल्यांकन जो हम में हैं, जिसे SWOT एनालिसिस कहते है उस पर गौर करना होगा।

यही मूल्यांकन हमसे हमारा वास्तविक परिचय करवाएगा कि, हम कहाँ खड़े हैं, किसी और को दोष देना व्यर्थ है।

SWOT - हमें बताएगा सफलता के लिए रुकावट का मूल कारण कहाँ छिपा है इतना करना है वीकनेस पर जीत हांसिल करने के लिए शक्ति स्ट्रेंथ को बढ़ाना है और डर को निकालने के लिए अपॉर्च्युनिटी पर फोकस करना है. सफलता में देरी या रुकावट की जड़ तक जाना ही होगा।

वही प्रोडक्ट्स, प्लान, सिस्टम यदि सभी के लिए है तो फिर तो कमी कहाँ है इसका स्टडी बहुत जरुरी है।

अक्सर हम अपने आप को समझने या पहचानने के बदले औरों पर स्टडी ज्यादा करते हैं ये न करते हुए यदि हम हमारा आंतरिक स्व मूल्यांकन करते हैं तो हमें जिंदगी के हर मोड़ पर काम आएगा।

देखते हैं क्यों पूरी शक्ति लगाकर मैदान में उतरना है।

30

पूरी शक्ति लगाना

APPLY FULL POWER

अधूरी शक्ति और अधूरे मन से किया गया कोई भी प्रयास हमें बुलंदियों तक नहीं ले जा सकता। पूरी शक्ति लगाना ये कुछ और नहीं बल्कि हमारे सपनों का जीवित रहना, सकारात्मक सोच, पूरी तयारी, आवश्यक कदम जिसे हम इम्प्लीमेंटेशन कहते हैं, इन सभी बातों का बहुत महत्त्व होता है।

हमारे कौशल, शक्ति और समय का सही मिश्रण इस व्यवसाय की प्राथमिक आवश्यकता है. डायरेक्ट सेलिंग ये कोई जल्दी धनवान बनने की योजना नहीं बल्कि एक ऐसा बिज़नेस है, जो विशाल नेटवर्क पर आधारित है जिसे हमें तैयार करना हैं।

भरपूर शक्ति से आगे बढ़ना ये सिर्फ इस इंडस्ट्री की आवश्यक्ता ही नहीं, आप कोई भी फिल्ड ले लीजिये चाहे स्टूडेंट हो, व्यापारी हो, जॉब हो या व्यावसायिक हो पुरे तन मन से आगे बढ़ना जरुरी है. चाहत होना और उसे प्राप्त करने के लिए जी तोड़ प्रयास, जिसे हम प्रगतिशील रवैया कहते हैं होना चाहिए। एक स्मार्ट वर्क होना चाहिए जो इस व्यवसाय के लिए आवश्यक है, दीर्घकालीन सफलता के लिए इन सभी बातों को ध्यान में रखना ही होगा।

सफलता के सभी पहलु, मापदंड हमारे साथ होना चाहिए ताकि हम एक लम्बी दूरी का सफलतम प्रवास करते हुए अपने स्थान पर पहुंचे जो हमारी चाहत है।

कभी न भूलें उसका शुक्रिया अदा करना जिसने आपको इस व्यवसाय से परिचित कराया।

31

अप लाइन का धन्यवाद
PRAISE SENIORS

जिसने लाया है उसका धन्यवाद हमेशा अदा करें ये कभी ना भूलें आप भी किसी के अपलाइन हो. जहाँ तक बात है रिस्पेक्ट की तो ये याद रखना है - रिस्पेक्ट दोगे तो रिस्पेक्ट मिलेगा।

किसी भी मीटिंग सेमिनार में जब भी मौका मिले सीनियर को अपनी स्पीच में थैंक्स कहें क्योंकि डायरेक्ट सेलिंग की बुनियाद ही रिलेशन पर टिकी है।

कई बार ऐसा भी होता है कंपनी, प्लान, प्रोडक्ट्स पर स्टडी ना करते हुए सामने कौन है जो हमें बता रहा है उसे देखकर

हम जॉइन हो जाते हैं इस डिजिटल युग में तो ऐसा भी होता हम उस व्यक्ति को बिना देखे, बिना मिले, हाँ कर देते हैं. जो भी हो डायरेक्ट सेलिंग इंडस्ट्री में सभी सीनियर हमारे गुरु है ये भावना होनी चाहिए। वो आपसे उम्र में कम है, उन्हें आपसे अनुभव कम है ये मायने नहीं रखता। सोचना यह है कि उनके कदम कंपनी में आपसे पहले पड़े।

धन्यवाद देने वाले विषय की गहराई में यदि हम जाएं तो और भी बेहतर होगा, छोटी बड़ी किसी भी प्रकार की सहायता चाहे फिर वो टीम से मिले, क्रॉस लाइन से या फिर कंपनी के किसी एक्सिक्यूटिव से मिले, धन्यवाद कहना नहीं भूलना चाहिए।

साथियों, जब बात हम धन संपत्ति की करते हैं, हमारी आँखों के सामने आर्थिक धन लाभ ही आता है, किन्तु संपत्ति के और भी प्रकार है जैसे सामाजिक प्रतिष्ठा, समय की स्वतंत्रता, शारीरिक फिटनेस, मानसिक स्वास्थ्य, परिवार मित्रगण, प्रसिद्धि शोहरत, ये संपत्ति भी हमें इस व्यवसाय से मिलती है।

मित्रों, इस पुस्तक में मैंने अपने अनुभव का निचोड़ आपके समक्ष रखने का प्रयास किया है, जैसा मैंने प्रस्तावना में कहा कि, क्या करना है और कैसे करना है इसे जानना अत्यंत आवश्यक है, जिसे आप समक्ष रखा है।

आपको और आपके परिवार को सुखमय, शान्तिमय, समृद्ध एवं स्वस्थ जीवन के लिए अनंत शुभकामनाएं।

धन्यवाद - आभार

हार्दिक धन्यवाद ज़ीनत, मेरी अर्धांगिनी क्या वो पौनांगिनी है, मेरी लाइफ लाइन, लाइफ पार्टनर, बैक बोन, बैक ऑफिस बल्कि यूं कहूं मेरा आधार, पैन, पासवर्ड, CVV, ओटीपी वही है, तो भी अतिशयोक्ति नहीं होगी। जो ज़िन्दगी के हर मोड़ पर, हर उतार चढ़ाव में चट्टान की तरह खड़ी रही, शुक्रिया बिटिया ऑथर शमा जिसका लेखन अनुभव बहुत मददगार रहा और हर समय प्रोत्साहित करने वाली, हिम्मत देने वाली गुड़िया बिटिया हिना का।

धन्यवाद विशेष रूप से, नोशन प्रेस टीम, विशेष रूप से चरितआर्यन जी पब्लिशिंग कंसलटेंट, मेघना जी पब्लिशिंग मैनेजर, पूजा चंद जी प्री पब्लिशिंग टीम, जिनका भरपूर सहयोग मिला।

मेरे मार्केटिंग करियर के सभी मार्गदर्शक, शुभचिंतक, लीडर्स, साथीगण, जिनका अपार सहयोग और स्नेह आज तक मिलता रहा, उन सभी का हृदय की गहराई से धन्यवाद।

शुभचिंतक

WELL WISHERS

Mr. Arif Patel never ceases to amaze me.

His zest for life, his passion in anything that he undertakes, his fearlessness to travel on the unknown path, and his determination to complete any new venture that he enters into is extremely commendable.

From being a government employee to an insurance agent to marketing to acting and now to being an author, Mr. Arif wears multiple hats and successfully completes all his projects.

I wish him all the very best, and I pray that he always continues to remain inspired and in turn, inspire the youth.

My warmest regards to him.

Smita Pradhan, Counselor for Emotional Wellbeing Master Trainer for Communication and Soft Skills. Bengaluru

Friends, I have been involved in this industry since 2005. Those who are new, I must say: understand the power of MLM business, compare it with other sources of income and set your mindset accordingly. Don't expect fast income from day one. If you have a long-term vision, you will achieve success.

I would like to congratulate Mr. Arif Patel for writing a book on this industry.

Ravindra Majithiya, Mumbai

Direct selling serves as a dynamic and important component of the economy, offering benefits to both sellers and consumers through personalized service, entrepreneurial opportunities and expanded market access.

I am extremely delighted to see Mr. Arif Patel, an extremely brilliant and passionate leader, trainer, a versatile personality, an actor and an expert in the industry author a book on direct selling.

I am sure he will be able to inspire the readers on embarking on this journey of Direct selling and making their lives better.

This is truly a remarkable achievement and a testament to your dedication and expertise in direct selling.

May your book reach millions of readers and change their lives. All the best to you!

Ranjit Dayanandan, Bengaluru

It's been more than 4 decades that I have known dear Arif and to pen a few words about memorable association is next to impossible. He is a multifaceted personality and a treasure house of talents...

He is like his 4 lettered name- A-affable, R-reliable, I-intellectual & F-friend for ever. All my best wishes now and always

Bilkish Satish Bhandwalkar, Ex Supervisor, J N Tata Parsi Jr. College, Nagpur

Get to know Mr Arif Patel, my friend, a very devoted person with his team. Together we have learned a lot about networking and we are aware that in order to be successful in the networking business. We need to perform teamwork and follow a system that is able to be duplicated for generations and generations.

Sincere congratulations to Mr Arif Patel for writing this book that can help many people to gain success in networking!

Dr Semine NG, Singapore

इसमें दो राय नहीं कि "सारे जहाँ से अच्छा हिन्दोस्तां हमारा" सारी दुनिया भारतीय जीवन जीने की कला सीखती रही और आज भी सीख रही है।

कला के क्षेत्र में अंतराष्ट्रीय स्तर पर हमारे देश का व्यापक प्रभाव रहा है। हर क्षेत्र से जुड़े कलाकारों और फ़नकारों ने देश का नाम हमेशा शीर्ष स्थान पर रखा है।

महात्मा गांधी और विनोबा भावे की कर्म भूमि से नाता रखने वाले हमारे परम मित्र आरिफ पटेल साहब अब माया नगरी मुंबई अपनी अदाकारी की कला को मूवी और टीवी चैनल्स दिखा रहे हैं, ये हम सभी वर्धा वासियों के लिए गर्व की बात है।

मार्केटिंग पर उनके अनुभव पर इस किताब के लिए बहुत बहुत शुभकामनाएं।

उनका प्रवास ऐसे ही चलता रहे इसके लिए दुआएं।

इमरान राही शायर, साहित्यकार, वर्धा

Mr. Arif is perhaps the only young personality I met in my experience of the past few years. In a generation where the youth feels like quitting, he is a starter now also. I always find him curious to kick off anything new and above all he is an avid learner.

When I got to know he is writing his own book I had only one question to him - Is there anything you are not looking forward to doing?

This is because I find him venturing into new projects every day and the classiest part of him is that he completes all his ventures or projects like a pro.

Kudos to your spirit young hearted man. You are an inspiration for everyone.

Raman Besil, Actor, Writer & Director Founder- Langda Aam Productions, Delhi

Direct selling in India is gaining momentum as a viable career option, despite the absence of specific legal regulations governing the sector.

This industry offers significant earning potential and the opportunity to transform one's life. Among the notable leaders in this field, Mr. Arif Patel stands out.

He is renowned for his commitment to ethical practices and his dedication to organizing numerous events and training sessions to support and develop his team.

I have had the privilege of working with many leaders and Mr. Arif Patel is one of the most exemplary.

I always look forward to collaborating with him.

Anil Tiwari, Lucknow

नेटवर्क मार्केटिंग के खट्टे मीठे अनुभव लोगों के व्यक्तित्व को समझने और उनकी भावनाओं को महसूस करने की कला सिखाता है। नेटवर्क मार्केटिंग एक नेटवर्क व्यवसाय को हर हालात से मुकाबला करने का जज्बा पैदा करती है।

आरिफ भाई अपने अनुभवों कागज़ पर उतरने का प्रयास किया है, जो एक नेटवर्क व्यवसाय के लिए अनमोल टूल साबित होगा। आरिफ भाई को इस प्रयास के लिए बहुत बहुत शुभकामनाएं।

Devendra Sharma, Mumbai

"डायरेक्ट सेलिंग उद्योग" मौका देता है समाज के सभी व्यक्ति को आर्थिक स्वतंत्रता प्राप्त करने का। इस दिशा आपकी पुस्तक एक मार्ग दर्शक का कार्य करेगी ऐसा मेरा पूर्ण विश्वास है और यह विश्वास आपके साथ बिताए गए पलों के अनुभवों के आधार पर है। मैं आपके उज्जवल एवं सफल जीवन की कामना करता हूं।

Dr. Anil Kumar, Patna (Bihar)

Believing in yourself you can align your mind, thoughts, belief and attitude with the fruition of your goals.

All great achievers have one thing common: dreams and belief, both of which are necessary for success and happiness.

In my 14 years of network marketing career, I have come across so many people, leaders and achievers, among them Mr. Arif Patel, my Arif Bhai is one of the best I ever had in my life.

He is truly a family man, good friend, best leader, great achiever and a great human being.

I would love to congratulate him and give best wishes for his book

ABHIJIT SAHA, Kolkata

डायरेक्ट सेलिंग एक उभरता हुआ उद्योग है। पर भारत के संदर्भ में यदि कहा जाए तो आज तक डायरेक्ट सेलिंग का वास्तविक स्वरूप यहां लागू नहीं हो पाया है।

आरिफ़ जी इस क्षेत्र में 2003 से संलग्न है और बखूबी जानते हैं उन कारणों को जिनके कारण भारत में यह उद्योग अपने चरम पर नहीं पहुंच पाया।

मेरा सौभाग्य रहा कि 2015 से 18 तक मुझे भी इनके साथ काम करने का अवसर मिला।

मैंने कई बार इनसे व्यक्तिगत तौर पर कहा कि अपने अनुभवों को जनता के साथ साझा करें ताकि विश्व के सबसे बड़ी मार्केट भारत के लोग इस उभरते उद्योग से लाभ लेकर

अपनी क्षमताओं का दोहन कर नए कीर्तिमान स्थापित कर सकें।

आरिफ़ जी को इस उत्कृष्ट प्रयास के लिए बहुत बहुत शुभकामनाएँ।

रमन रघुवंशी, गीतकार, संवाद व स्क्रीनप्ले लेखक भारतीय सिने जगत, नाहन हिमाचल प्रदेश

I have known Arif Patel since 2009, when we met in Shillong.

He is hardworking and dedicated towards goal. It gives me immense pleasure that he is now an author. Wishing him grand success. God may shower his blessings and fulfill all his dreams.

Laritina Rupmoy, Shillong

Arif ji has poured all his experience in concise manner in this book. Very informative book for people who are into selling of any product or service.

I know him personally and professionally and wish him all the Best.

Asit Gupta, Regional Head, RPD, Bajaj Allianz Life Insurance Co. Mumbai